动手动脑快乐学习丛书

青少年航海模型制作

何世逵　赵　怡　杨雍国　编著

海峡出版发行集团 THE STRAITS PUBLISHING & DISTRIBUTING GROUP | 福建科学技术出版社 FUJIAN SCIENCE & TECHNOLOGY PUBLISHING HOUSE

图书在版编目（CIP）数据

青少年航海模型制作/何世逵，赵怡，杨雍国编著．—福州：福建科学技术出版社，2012.7（2019.4 重印）

（动手动脑快乐学习丛书）

ISBN 978-7-5335-4030-2

Ⅰ.①青… Ⅱ.①何… ②赵… ③杨… Ⅲ.①船艇模型（航海模型运动）—青年读物②船艇模型（航海模型运动）—少年读物 Ⅳ.①G874.4-49

中国版本图书馆 CIP 数据核字（2012）第 054937 号

书　　名	**青少年航海模型制作**
	动手动脑快乐学习丛书
编　　著	何世逵　赵怡　杨雍国
出版发行	海峡出版发行集团
	福建科学技术出版社
社　　址	福州市东水路 76 号（邮编 350001）
网　　址	www.fjstp.com
经　　销	福建新华发行（集团）有限责任公司
排　　版	福建科学技术出版社排版室
印　　刷	日照教科印刷有限公司
开　　本	889 毫米×1194 毫米　1/32
印　　张	6.75
字　　数	156 千字
版　　次	2012 年 7 月第 1 版
印　　次	2019 年 4 月第 4 次印刷
书　　号	ISBN 978-7-5335-4030-2
定　　价	19.80 元

前 言

我们伟大的祖国有辽阔的疆土、漫长的海岸和众多的大江大湖。建设强大的祖国，实现现代化，须努力发展交通，开发海洋资源，巩固国防，这些都需要拥有更多种类、更大吨位、更广用途、科技含量更高、更先进的舰船。广大青少年在党、团、少先队组织和学校老师的教育培养下，从小就热爱社会主义祖国，也十分热爱海洋，关心祖国海洋事业的发展。许多青少年朋友从他们用纸摺出第一艘船起，就梦想着长大后有朝一日自己能亲手造出一艘艘漂亮、雄伟的大船，并驾着它去海上航行。

为了帮助大家实现这个理想，我们编写了本书，供大家在开展船模制作活动中参考。考虑到各地实际情况和差别，我们选择部分取材方便、易于动手动脑、并能进行创新思维的内容，通过由简到繁、从基本功训练到逐步掌握船模制作各种技能的范例进行介绍，既可满足少年朋友掌握航海模型制作技巧、亲手做出各种船模的愿望，也能帮助广大航海模型教师开展教学。

在本书编写的过程中，得到了上海市三模教研组的支持，许多船模教师根据自己长期从事该项工作的宝贵经验，提供了实例。其中第四章木制水线面舰船模型制作系上海江南造船厂赵怡工程师编写，第十章构架式木质船模制作和第十四章无线电遥控模型制作系上海卢湾区少年宫船模教练杨雍国老师编写，其他各章系上海尚文中学何世逵老师编写。在第三章纸制船模制作的编写过程中，上海虹口区王光一老师提供了有关材料，在此表示衷心的感谢。

由于时间匆促，书中定然存在不当之处，因此望广大读者、学校老师和青少年朋友们提出宝贵意见，以便今后修订改正。

编　者

2012 年 6 月

目 录

第一章　航海模型知识

一、中国航海历史

中国不仅拥有 960 万平方千米的陆上国土，而且有长达 18000 多千米的海岸线。中国位于太平洋沿岸，从东部到南部有渤海、黄海、东海和南海环抱，从渤海的辽东湾到祖国最南端的曾母暗沙群岛，沿海岛屿星罗棋布，面积在 500 平方米以上的岛屿就有 6 500 多个。

古时候，我们的祖先在劳动中学会了乘船捕鱼、驾船远航。早在秦朝时期，秦始皇就组织过能运输 50 万石粮食的海上大船队，当时的航海家徐福曾带领几百人东渡日本。隋唐时期，中国航海事业就有很大发展，已能制造多桅海船，会应用天文知识航海，船队可到达朝鲜、日本和南海诸国。宋朝，海船已普遍使用了指南针。明朝，郑和率领一二百艘船组成了当时世界上规模最大远洋船队，七次往返于太平洋与印度洋之间，南到爪哇、西到赤道以南的非洲东海岸，航程五万多千米，访问了 30 多个国家，发展了海上交通与各国之间的贸易。中国劳动人民在造船技术海洋航运等方面创造了光辉的业绩，在古代世界海洋事业上有着重要的地位。

到了清朝，政治腐败，帝国主义列强伺机用坚船利炮轰开了闭关自守的中国大门，逼迫清政府订立了许多不平等条约，割据了几乎所有的重要港口、海湾和岛屿，从此我国沦为半封建、半殖民地社会。人民遭受的屈辱与苦难，让人至今记忆犹新。

新中国成立后，在党和人民政府领导下，成立了国家海洋局，加强了对海洋事业的领导。1979年起，中国的海洋事业进入了全面发展的新时期。现在，中国在海洋调查、科学研究、极地考察、海洋资源开发、渔业、运输以及海洋环保等方面都取得飞速发展。中国的造船业从以前只能修修小船到如今能造出30万吨以上的大船，并且为外国船东造船。与此相对应的航海模型活动，也在广大青少年中广泛开展，并取得了极其可喜的成绩。

二、航海模型竞赛活动

为了加强对全国广大青少年进行爱祖国、爱国防、爱科学和爱海洋的教育，由国家体育总局、教育部、中国科协、共青团中央、全国妇联和中国关工委共同主办全国青少年“我爱祖国海疆”航海模型竞赛活动。在1994年举办了第一届，以后每两年举办一届，至今已成功地举办了十二届。每一届都有几十万青少年在全国各地踊跃参与航海模型的制作、航行，学习有关航海模型的知识，进行各级预赛，然后选出优秀的代表参加全国性的决赛。每年的决赛活动都受到中央军委和老一辈革命家的热情支持和亲切关怀，青少年们上舰出海，学当小海军。例如，第二届全国决赛在旅大军港海军营区进行，第四届全国决赛在祖国最南端的海防前沿——西沙永兴岛上举行。通过“我爱祖国海疆”航海模型竞赛活动，广大青少年加深了对祖国海疆和人民海军的了解和热爱，也学到更多的航海模型知识，提高了动手制作能力。

每届“我爱祖国海疆”竞赛于秋季开始在全国各地举行预赛，通过层层选拔，到第二年的暑假期间（8月中旬）举办全国决赛。竞赛内容大致是：船模基础知识、纸质模型、注塑自航船模、注塑遥控船模等。比赛时有些注塑类自航船模需要参赛队员当场独立完成制作和调试，每届参赛项目和船型都有新的变化和提高。这项竞赛越来越受青少年喜爱。

由于航海模型深受广大青少年的喜爱，加上各级领导的关怀和支持，因此近年来，各级学校都纷纷把航海模型制作活动作为培养学生素质的一门学科，正式列入课表，安排必要的师资和活动场地，举办相应级别的比赛。通过这项活动，教师们给广大青少年传授有关现代造船、航海、海军和海洋等方面的知识，提高了他们的动手能力，思考和创造能力，培养了他们爱国主义和集体主义精神。许多同学不仅提高了制作工艺水平，而且提高了思想觉悟，加深了对课堂教学的理解，各方面都得到了提高，并被评为市、区各级三好学生，明日科技之星或创新能手等，成为学校中的学习标兵。

三、航海模型及其竞赛的种类

航海模型的种类很多，从制作工艺水平上可以分为简易模型、初级模型、中级模型和高级模型。简易模型多数是用卡纸剪贴、黏合做成，比较适合小学低、中年级学生制作，图纸多用直观法表示，容易看懂。小学高年级和初中学生可以采用初级模型，它们都具有结构简单、取材方便的特点，有的还有成品套材供应，制作容易。制作过程一般是对照图纸，按零件编号，用胶水组装成船模的较大部件，再整体装配成整船。制作时还可以给船模涂色、配上电动机或橡筋作为动力，完成后可以在水中航行等。这类模型还可改装动力方式、改进上层建筑或进行一些创新制作，使船模制作活动变得更有趣，更生动，所以很适合初中以下的同学制作。中级模型则比初级模型难做一些，例如装备遥控设备或加装简单的自动程序控制装置。这种模型的结构比较精密，有的需要自己进行创作或用金属材料加工；有的涉及其他学科知识；有的要在有经验的教师辅导下才能完成。至于高级模型，往往由优秀的模型制作者、专业运动员、教练员或船厂模型技师等制作。这类模型制成后，我们可以用它参加国际比赛、商品交易会，或者科技博览会，制成的船模严格按一定比例，制作过程中采取高新技术。有的模型用来测试新船各项数据，进行风洞、空气和水的流体阻力分布测试。它们不仅制作精细、外形逼真、尺寸准确、颜色合理，而且还能体现原船的质感。有的制作完毕后，将整条船模装在小口径的玻璃瓶内欣赏，令人赞叹不已。

从航海模型竞赛的条件来看，同样可以分为初级模型竞赛、中级模型竞赛以及高级模型竞赛；根据参赛者年龄、年级的不同，又可规定不同的参赛项目和要求。对广大青少年比较适合的是初、中级自航船模，自航帆船模型，各种仿真模型以及简单的无线电遥控操纵模型等项目的比赛。航海模型从安装的动力来看，有风帆动力、空气螺旋桨动力、橡筋动力、电动机动力等。本书后面将对此依次详细介绍。另外一些精密度较高、制作难度较大的航海模型项目比赛，如圆周竞速模型，仿真舰船无线电绕标航行、无线电绕标耐久赛等，以内燃机、蒸汽机为动力，不但在制作准备上要求运动员花费更多的时间、精力、财力，还要采用先进的设备，这就不是每位青少年都能承担得了的。但我们也要进行一些简要介绍，让大家有个基本的了解。

四、世界航海模型联合会

世界航海模型联合会英文简称为 NAVIGA。其目标与任务是：

促进和普及海模制作和海模运动的发展，并对这种发展给予监督。

排除宗教、政治和商业活动的影响，建立与促进所有海模制作者及海模运动之间的友谊。

为了实现 NIVIGA 的基本原则和促进各会员国之间的友谊，NAVIGA 认为其首要任务是以奥林匹克精神、人类和平与友谊的精神去工作。NAVIGA 的所有组织，以及它所属的各会员国协会有义务将这种精神作为它所有活动的最高准则。

NAVIGA 活动不具有经济目的，是不致力于盈利的活动。

中国的海模协会是 NAVIGA 的会员国协会。NAVIGA 世界锦标赛每两年举办一次。

五、竞赛项目简介

世界航海模型联合会公布和举办的各项海模竞赛项目有：

A、B 组：圆周竞速艇模型（内燃机为动力）。

A 组是水中螺旋桨，按发动机的汽缸工作容积分为 A1 级（2.5 毫升以下）、A2 级（2.5～5 毫升）、A3 级（5～10 毫升）。B 组是空气螺旋桨，B1 级（2.5 毫升以下）。模型用细钢丝牵引作圆周航行，每圈 100 米，航行 500 米，以航行速度决定成绩，见图 1-5-1。

C 组：仿真舰船模型。

按一定比例制造的各种真实舰船模型，或港口、船厂及船的某一部分设备结构模型——只进行外观评定、不做水上航行，见图 1-5-2。

C1 级：无动力机械舰船模型（包括机帆船）。

C2 级：带动力机械舰船模型。

C3 级：设备模型。

C4 级：袖珍模型。

C5 级：瓶装模型。

D 组：自航帆船模型。

自航帆船模型由运动员根据竞赛时的风向，调整好模型的帆和舵，并在一个方形的场地中进行竞赛。模型每次可以 2～4 艘同时进行，以最先驶过终点线的为优胜，见图 1-5-3。

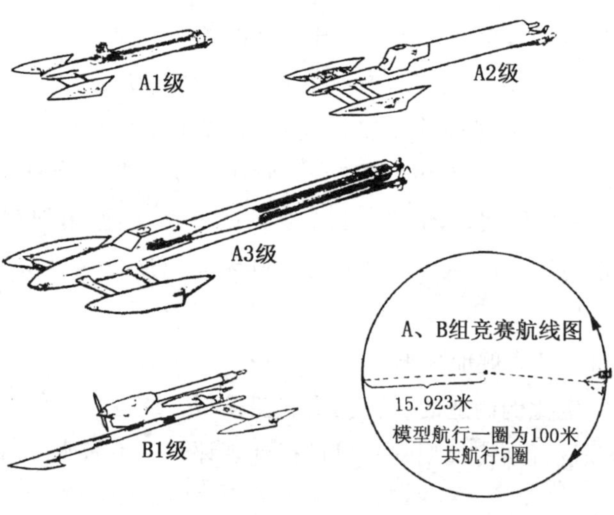

图 1-5-1 A、B 组竞赛

E 组：自航舰船模型。自航舰船模型，大多以电动机为动力，运动员调试好船模，放入水池，开启电动机，对准目标，脱手后船模向前航行，以航向正直和速度来评比得分高低。

E-H 级：按一定的比例仿照各种真实的民用船舶制作的模型。

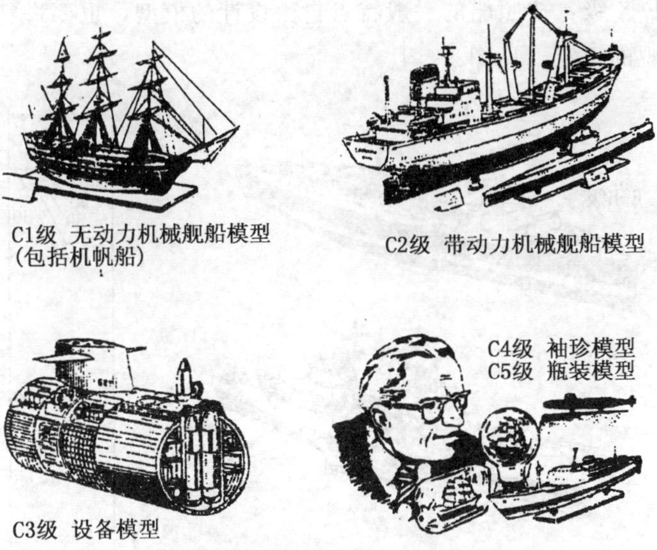

图 1-5-2　C 组竞赛

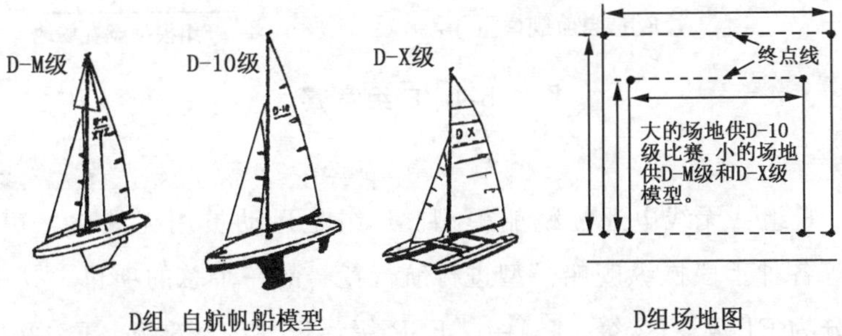

图 1-5-3　D 组竞赛

E-K 级：按一定的比例仿制的各种军用舰艇的模型。除要进行航行评分外，还要对 E-K 级模型进行外观评定。模型的航速也要达到比例的要求。

E-X 级：按照船的一般特点自由设计的模型，也要进行航行和外观的评定，见图 1-5-4。

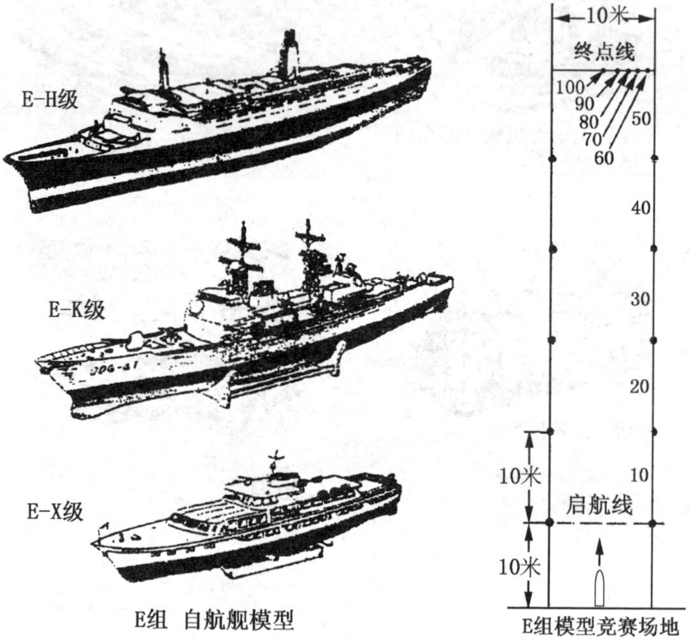

图 1-5-4　E 组竞赛

F 组：无线电遥控舰船模型。F 组是运动员用无线电、声、光等各种手段操纵舰船模型进行航行竞赛的一个总的项目，其中又分为 F1 级、F2 级、F3 级、FSR 级、F5 级、F6 级、F7 级和 F8 级。

F1 级：三角绕标竞速艇模型，F1 级竞速艇根据它是内燃机动力或电动机动力分别编为 F1-V2.5 级、F1-V5 级、F1-V15 级（以上都是内燃机动力，V 字代表内燃机动力，数字表示汽缸工作容积最大毫升数），F1-E1 级和 F1-E 级（E 表示电动机作动力，F1-E1 表示总质量在 1 千克以下）F1-E 级则表示模型总质量可以大于 1 千克。F1 的比赛场地为每边 30 米的正三角形场地，模型必须绕 3 个顶标正反方向各绕一圈计时，见图 1-5-5。

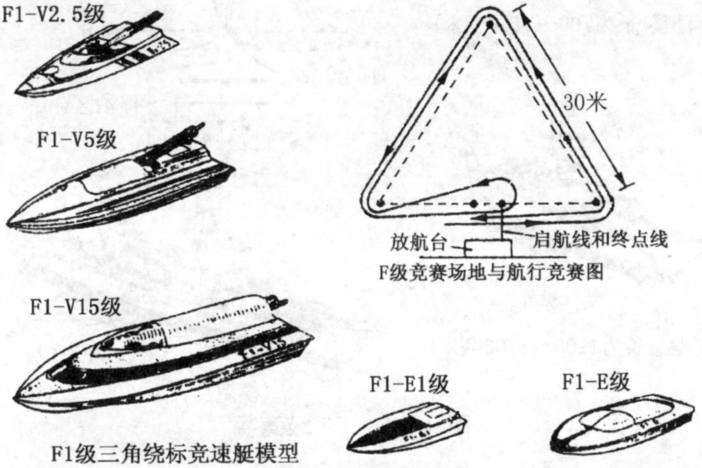

图 1-5-5　F1 级竞赛

F2 级：绕标舰船模型。F2 级船模型是仿照真船制作的，根据模型的总长度又分为 F2-A、F2-8、F2-C 级。在整个比赛中，先进行外观评分，然后对照运动员提供的真船资料，评比仿真程度、制作难易程度和工艺水平等成绩。然后进行航行比赛，要在 7 分钟内按规定航线驶完全程，如图 1-5-6 所示，最后将船停泊在停泊区内。如该标有碰标或漏标航行要给予扣分或不给分，F2 级模型航行门标得分见表 1-5-1。每轮满分为 100 分，共航行 3 轮，将外观分与最佳航行得分之和作为模型总成绩。

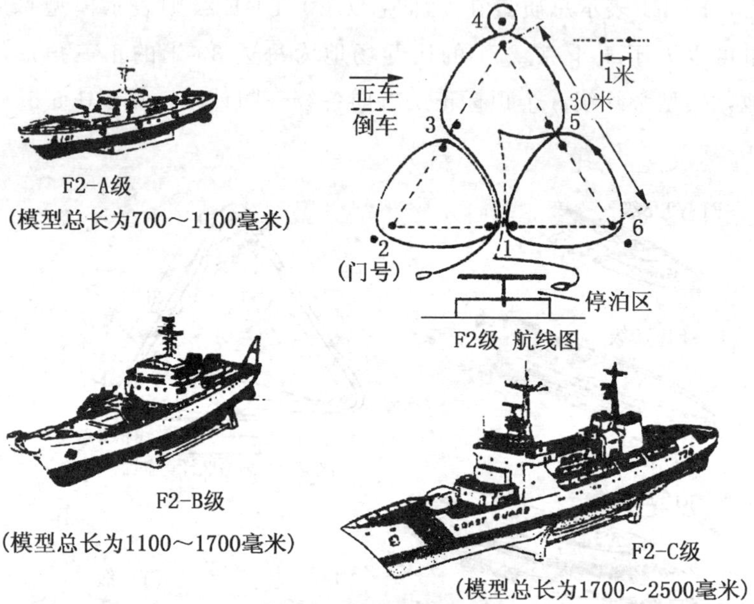

图 1-5-6　F2 级竞赛

表 1-5-1　F2 级模型航行门标得分

门号	得分	碰标加分
1	6	－2
3	9	－3
2	6	－2
1	6	－2
3	9	－3
4	6	－2
4	6	－2
5	9	－3
1	6	－2
6	6	－2
5	9	－3
1	12	－4
停泊表演	10	－5
总分	100	

F3 级：花样绕标竞速艇模型。F3 级模型分为内燃机动力艇 F3-V 级和电动机动力艇 F3-E 级两种。比赛按规定航线航行，场地大小与 F2 一样，只不过多设了几个门标，并且绕法不一样，对错漏门标或碰标的模型要扣分，F3 级模型航行门标得分见表 1-5-2。每轮总分为 120 分，见图 1-5-7。

表 1-5-2　F3 级模型航行门标得分

门号	得分	碰标加分
1	6	－2
2	6	－2
2	6	－2
3	9	－3
3	9	－3
4	12	－4
4	12	－4
5	9	－3
5	9	－3
6	6	－2
6	6	－2
7	6	－2
8	6	－2
8	6	－2
7	6	－2
1	6	－2
总分	120	

FSR 级：FSR 级赛又称模型耐久赛。它的场地与前面几种不一样，长为 100 米、宽为 50 米，中间设一点，向内凹进 10 米，如图 1-5-8 所示。比赛时多艘船一同航行，在 30 分钟内，航行的圈数最多者为优胜。比赛中发生熄火停驶或其他意外，修好后可以继续投入比赛，但浪费的时间不补。进行这项比赛时，运动员意气风发、全神贯注。各种颜色的模型你追我赶，场面极

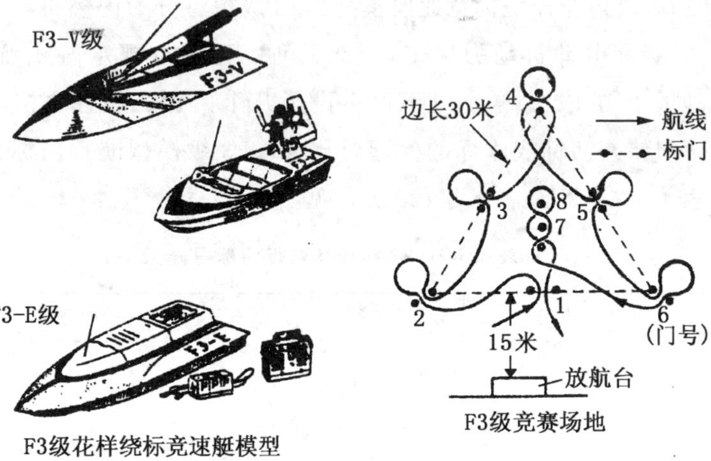

图 1-5-7 F3 级竞赛

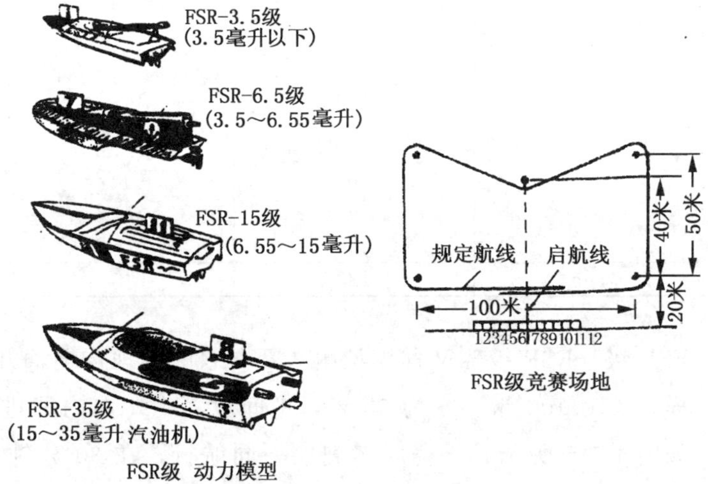

图 1-5-8 FSR 级竞赛

为壮观。FSR 级按汽缸容积分为 FSR-3.5 级、FSR-6.5 级、FSR-15 级和 FSR-35 级 4 种，见图 1-5-8。

F5 级：F5 级遥控帆船根据船的建造规则不同，分为 F5-M 级、F5-10 级和 F5-E 级。

F5-M 级：船长（1270±6）毫米，帆的总面积≤5161 平方厘米。

F5-10 级：$\frac{\text{实际水线长}\times\text{帆面积}}{122\ 903}\leqslant 10$（单位：厘米）

F5-E 级：E 级船体长度为 100 厘米，帆的总面积≤4 000 平方厘米，见图 1-5-9。

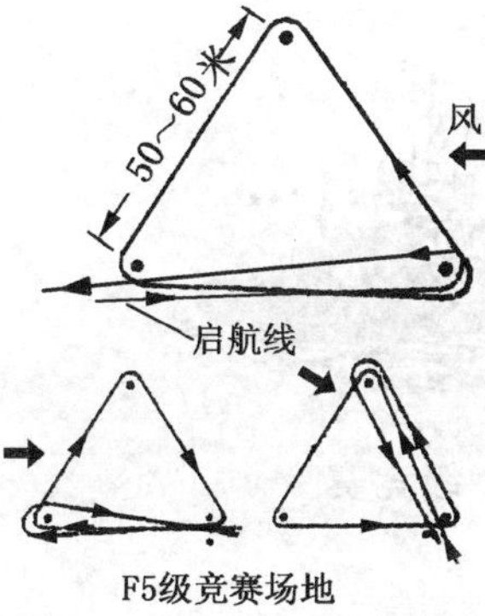

图 1-5-9　F5 级竞赛

F6 级：多艘舰船模型的联合表演，由多人同时操纵，见图 1-5-10。

F7 级：舰船模型特技表演，由单人操纵的模型表演，如港口作业、拖带、消防、海上布缆及各种军事动作等，见图 1-5-11。

F8 级：100 米直线竞速比赛。汽缸工作容积在 10 毫升以内的内燃机动力艇，在 100 米直线航程中行驶 2 次，求出平均值作为竞赛成绩。场地如图 1-5-12 所示。该项在部分国家也经常举行国际性比赛。

图 1-5-10　F6 级竞赛

图 1-5-11　F7 级竞赛

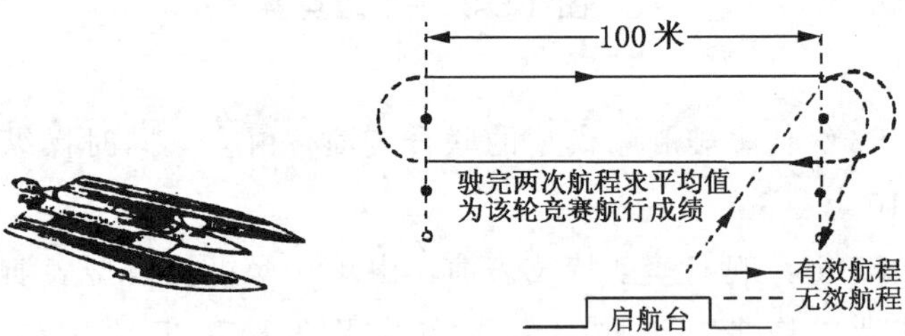

图 1-5-12　F8 级竞赛

六、航海模型工作图

航海模型工作图纸一般包括总布置图、船体型线图、零件图等，有的为了帮助初学的人还画了实物对照图。工作图是根据投影的原理，从三个不同的方向按船舶的投影画成的，有正视图、侧视图和俯视图，又称“三视图”。看懂三视图，可以使我们了解全船概貌，船体、上层建筑等较大零部件的外形、尺寸和位置等，见图 1-5-13。

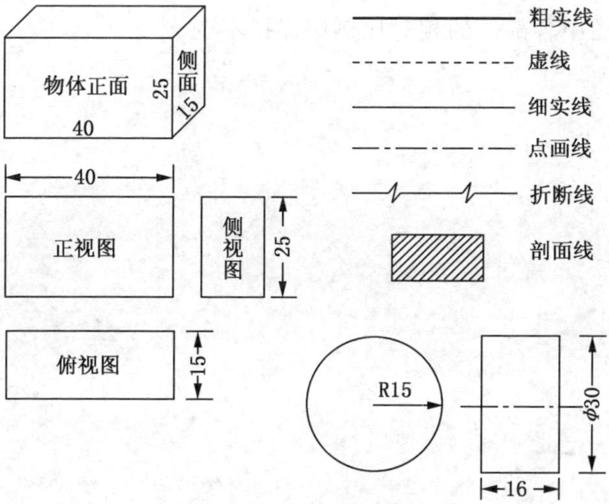

图 1-5-13　三视图

图中各种线条有各自代表的意义。常见的有粗实线、虚线、细实线、点画线和折断线等。粗实线表示物体外表一切可见的轮廓线。虚线则表示被遮挡住的轮廓线。细实线用来表示尺寸线、尺寸界线、引线和剖面线。点画线常表示物体的中心线、轴线。断开的地方用折断线表示。物体剖视的地方要用倾斜的剖面线。

字母 M 表示比例尺，M1∶1 表示图中物体的大小与实物一样大，M1∶2 表示图中物体的大小是实物的 1/2，做船模时，M1∶1表示船模做成后的大小跟图纸所示的一样。不过要注意区分图纸与实船的比例和图纸与模型的比例是不一样的，图纸与实船的比例往往是 M1∶100 或 M1∶300。ϕ 是代表圆形物体或圆孔的直径的符号，R 是半径的符号，写在数字前面。长度单位一般用毫米（mm）。

做木制船模就需要掌握识图知识。

注意：本书中图的大小可根据制作者需要而定，可放大若干倍，但图中各部件的相对比例应保持不变。

第二章 制作航海模型的材料和工具

一、制作材料

制作航海模型舰船所用的材料品种很多，常用的有木材、竹材、泡沫塑料、注塑塑料、有机玻璃、卡纸、纺织品等非金属材料；还有用少量的铝片、铁片、铜材、钢丝等金属材料。此外，许多平时不为人注意的废弃物和边角料，如果加以利用，还能“化废为宝”。

1. 木材

航海模型所用的材料中，木材占有相当重要的地位。从古代的独木舟时代起，人们就知道木头比水轻，能浮于水，所以中国古代有很多种类的大船都是用木头造成的。木材加工容易，黏结方便，市上有售，而且价格便宜，适合用来开展船模制作。

常用的木材有松木、桐木，我们不仅可以在市上模型材料商店买到各种规格这些木材的木片和木条，还可以定制或预订特殊规格的木材。做船的上层建筑常选用1～3毫米的木片，而做实体船模时往往要用到8～10毫米的木板做船身或船头。如果一时找不到合适的厚木板，可以用几层叠起来用。桐木材质地比松木轻，加工也容易一些，但桐木质地不及松木细腻，牢度也不如松木，不过价格比松木便宜。选购时，要挑选没有节疤、纹理均匀平直的。除了木片以外，三夹板也常用来做构架或船模中的肋骨板。零星的木材边角废料，常用来做船头木或舵木，平时要注意收集一些。

2. 竹材

竹材在船模中用得较多的是竹丝，常用来做桅杆、船篷或竹筏等。这些竹丝可用竹签加工，或用竹筷一类材料加工。特别因为竹丝的韧性好，劈细后拉丝不易折断，所以它是做船模少不了的材料。

3. 泡沫塑料

泡沫塑料块可以从商品包装材料中去收集，它既轻又易于加工，还不怕水。不过在黏结时要小心，它遇到百得胶会熔化。必要时，将百得胶涂在别的材料上，等快干时迅速压上泡沫塑料，也可以粘上。

4. 注塑塑料

近年来，厂商利用注塑的办法生产多种船模，这种工艺的特点是：船的上层建筑、设备零件以及船体等大部分零部件都可以用注塑模型浇注出来，制作者只需要按图中零件编号，一一对应用胶水胶黏，就可使复杂的制作工艺大大简化，市上供应中小学生的模型很多就是注塑产品。

5. 有机玻璃

薄的有机玻璃可以加工船的上层建筑，它可以用氯仿溶剂来黏合。做好的零件表面挺括而光滑，它也可以用加热后变软的办法，放在自制的木模里压制成救生艇一类零件。有机玻璃的规格很多，有不同的色彩，在市场上有销售。

6. 卡纸

卡纸用来制作纸船模型，或船上零部件、上层建筑等。它容易加工，可以涂漆上色。需要防水处理的话，可在制成后用清漆涂匀一二次。有一些船上较大的部件，如导弹发射架、船舱等，用卡纸制作好上漆后，效果并不比铁皮制作的差。

7. 纺织品等非金属材料

帆船的帆、渔船的蓬、渔网等可用零星的纺织品制作，甚至废弃的枕头席、尼龙袜等都是非常逼真的好材料。还有乌贼鱼骨头、废牙刷柄，也能制作出精致动人的小船来。

8. 易拉罐头的铝皮或铁皮

它们收集起来是做船舵、螺旋桨等零件的好材料，容易收集、容易加工。

总之，做船模所需材料的品种很多，许多材料平时注意便可收集，花钱少又能变废为宝。用它们制作船模既培养了动手动脑的能力，又养成了勤俭节约的好习惯。

二、常用工具

制作船模所用的工具，跟做船模的种类和工艺有关。例如，做纸模型常用的工具为剪刀、尺、小刀、镊子、细钢丝等；而做电动模型或内燃机动力的模型则要用到锉刀、锤子、电烙铁、台虎钳、尖嘴钳、钻床、斜口刀，甚至要用到电表、充电器等；做木制模型则又要用到砂纸板、弓锯；做漆工又要用到喷枪、气泵或涂刮腻子等工具。除了这些工具，许多工艺还需要自己设计和制作一些专用的工具，如焊制螺旋桨时要用到专用的夹具等。由于制作工艺的不断改进，自制工具也不断发展和被创造，因此很难完全罗列出来。下面对一般性常用的工具简单地加以说明，对一些可以自制的小工具，也予以推广介绍，其他较大型的、专业性很强的机械工具如车床、钻床等就不详谈了。

1. 做纸模型舰船的常用工具

制作纸制舰船模型使用的工具比较简单，主要是剪刀、小刀、一支直尺（最好是钢皮尺、不易削坏），几个小铁夹子、一根细竹签或缝被钢针（用来卷炮管用）和一瓶白胶。做纸模型舰船常用的工具见图 2-2-1。

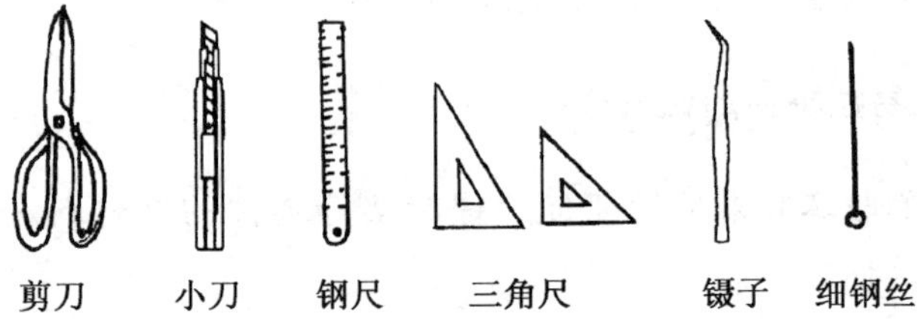

图 2-2-1　常用工具（1）

剪刀：用来剪卡纸，一般用尖头的剪刀，便于剪细小部位或弯曲图形。

钢尺、小刀：对长度较长而且呈直线状的部位，用小刀沿直尺切割，比剪刀剪得整齐。对需要弯折的部位可用刀尖反过来轻轻划一刀痕，用尺的边沿压住要弯折的部位，轻轻弯折，折痕会十分整齐和挺直。这也是做好纸模型的关键技术。

镊子：用来夹持一些小零件并进行黏结。

细钢丝：用于在卡纸内卷炮管、桅杆等细长圆柱零件。

2. 做实体木舰船模的常用工具

做木制船模的主要工具和做纸制模型的不一样，除了常用到的尺、笔等画图工具外，还要用到削木头用的斜口刀（小削笔刀不适用）、手工锯（不用剪刀）、弓锯以及砂纸、大头针、锤子、锥子等工具，见图 2-2-2。

斜口刀：斜口刀是制作木质船模型的主要工具之一。它通常用性能优良的钢锯条加工自制。它一面是平的，另一面是与刀身平面有一定角度的斜面，构成一个锋利的刃口，刃口与刀身所呈角度 40°～45°，利于切削用力。

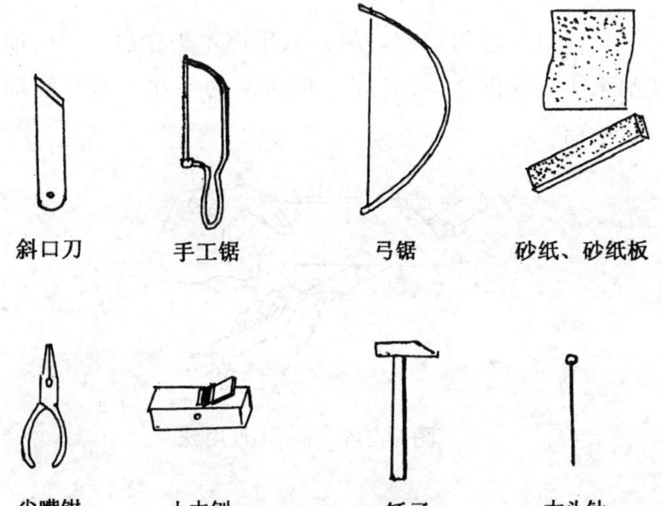

图 2-2-2　常用工具（2）

斜口刀的刃口能使刀口形成一个贴近物体表面的合力，即使用平面贴住木头平推，也会削去木头一层表面，如图 2-2-3 所示，这也是我们感觉刀刃特别锋利的原因。因此，使用时要尤其注意其正确方法，应按以下方法使用。

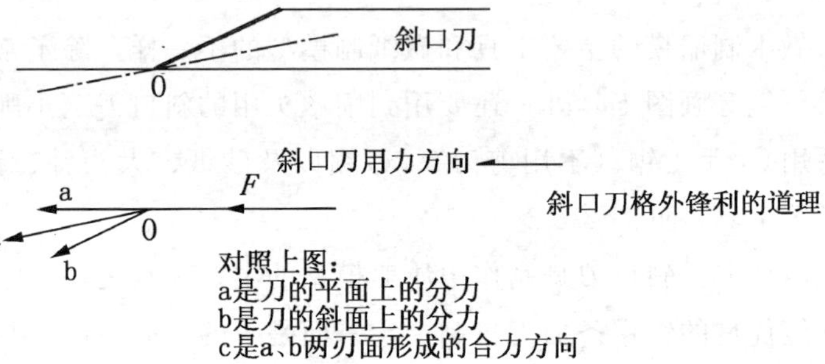

图 2-2-3　斜口刀用力分析

（1）一只手握刀在前，另一只手握木头在后，刀向前推，就能切削木头，如图 2-2-4 所示。握木头的手在任何时候都不能摆到刀口前面。

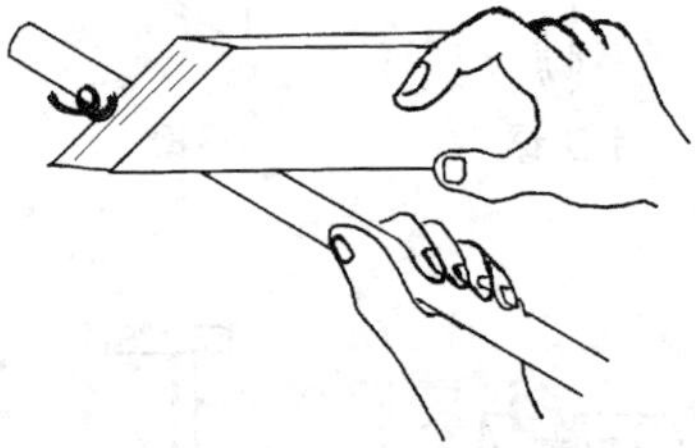

图 2-2-4　斜口刀用法

（2）切削木片或木条时，力量要轻一点，宁可重复几次削，不宜用猛力，防止割破手指。

（3）有事需暂时离开加工桌前，须将刀放在桌上，不要随身携带，更不要随着讲话情绪波动而挥动带刀的手，防止意外伤害别人。

（4）刀具使用完毕要纳入刀鞘或妥善收藏。

(5) 切削时，遇到木头纹理不顺时，可将刀具翻过面来使用，就不容易削坏木材了。

手工锯、弓锯（钢丝锯）：有时候，要把多余的长木条截短，小的木条还能用斜口刀切断，但稍粗厚的木料就要用手工锯加工了。手工锯是用粗钢丝做架子，细齿的狭锯条用螺丝固定，适用于锯断木板的工具；弓锯是一种用竹片做弓，用细钢丝凿出锯齿，利用竹弓的弹力把钢丝锯拉直，用来锯木片中带弯折的缝的一种工具。市场上有成品供应。制作模型常用的是弓锯，弓锯的锯齿向前安装，使用时，向前平推，锯齿就会割断木料表层的纤维，随着来回推拉，木料就锯断了。注意：

(1) 要锯断的木料须用台虎钳夹住，使它不致晃动。

(2) 锯子放在要锯断的位置上，先小幅度轻轻推拉，在预定的位置上锯出一条锯痕，再在此锯痕上逐步加大推拉幅度和力度，直至锯断。不过到快锯断时，用力又要减小一点，避免突然锯断时锯子伤人，见图 2-2-5。

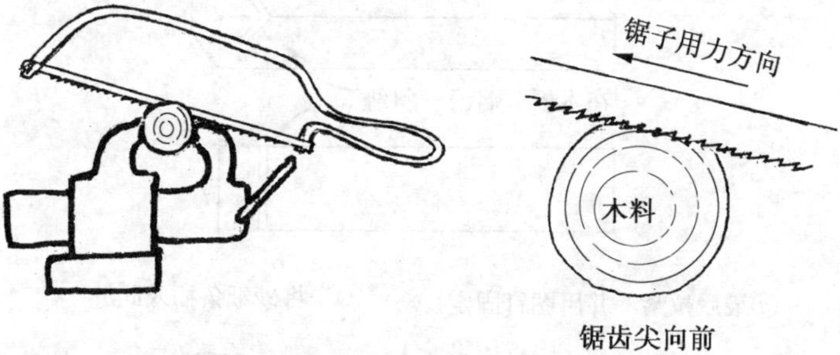

图 2-2-5　锯子用法

砂纸板：刀削出来的木片或木块，有时不能十分精确光滑，要用不同粗细的木砂纸来打磨，将木砂纸装在砂纸板上，打磨出来的木片或木块比较平整光滑。木砂纸有粗有细，$0^{\#}$的较细，$2^{\#}$的较粗，$1^{\#}$和$1\frac{1}{2}^{\#}$的介于两者之间。

刚削好一艘实体船模的船体时，表面上会存在一些刀痕，看上去总觉得不舒服，可以利用砂纸来轻轻打磨一下，表面就会显得平整光滑了许多。有时削好的木块的轮廓与图纸标准相差一点，再削时又容易削坏，这时候也可以用砂纸来打磨修正。正确使用砂纸也有一些规律，简单介绍如下：

（1）砂纸有粗有细，不同的规格用途也不一样。木砂纸砂粒随着标号增大，砂粒也越粗。粒子越细的砂纸，打磨出来的零件表面越光洁。而粒子粗的砂纸，砂磨起来快，常用来加工光坯木料的初步砂磨，到接近标准时再用细砂纸精磨。

（2）如果砂磨平面物体或较长的边沿，应该把砂纸平放在工作桌面上，把木条（块）放在砂纸上推。若用一块平整的木块做成砂纸板，如图 2-2-6 所示，则使用就更方便了。

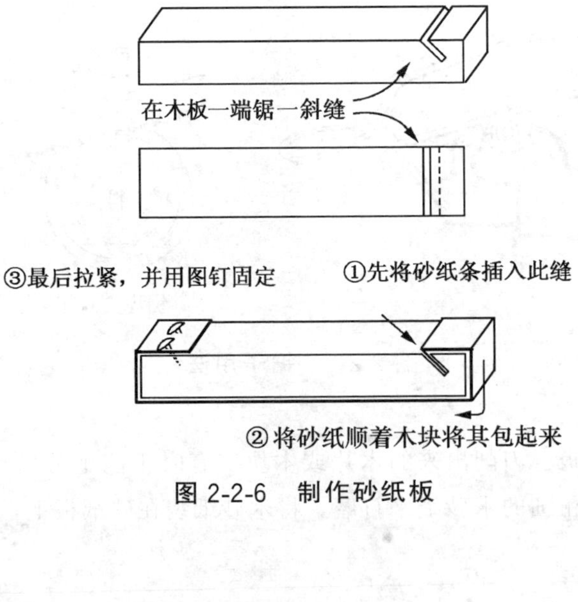

图 2-2-6　制作砂纸板

尖嘴钳：实体木船模中有时要用大头针制作炮管、桅杆等，多余的针体可用尖嘴钳钳断去除。用尖嘴钳夹住大头针、用力揿入小炮座的方法比用锤子敲的方法好。

其他工具像剪刀、尺、小木刨、镊子等也是常常用到的。

3. 做电动船模的常用工具

电动船模主要指安装了电动机作为动力，下水后能在水中航行的船模。它与前面提到的模型主要区别在于制作时要连接电路，要用到电烙铁、万用电表、剥线钳等工具，见图 2-2-7。

图 2-2-7　常用工具（3）

电烙铁：常用 20 瓦内热式电烙铁。电烙铁的握法有三种：一是反握法，二是正握法，适用于大功率电烙铁；三是握笔法，此法适用于小功率电烙铁。新买来的电烙铁，铜头沾不上锡，应该先预热几分钟，然后将烙铁铜头在松香、锡上摩擦，熔化的锡就会沾上。

万用电表：万用电表可以检查电池的电压是否正常；可以估计电量是否充足；可以检查线路是否接通以及电动机是否正常良好。

剥线钳：新电线焊接时要剥去塑料绝缘皮，有条件的可以备用一把剥线钳。也可以用小刀或尖嘴钳来剥。

4. 为船模喷漆涂色的常用工具

为船模喷漆涂色常用的工具见图 2-2-8。

纸胶带：一种黏性较弱的纸质胶带，用来保护不需喷第二种漆的地方。黏性太强的玻璃胶带，容易拉掉第一层漆膜。

喷枪：用来对零部件或船身进行喷漆，漆的微粒大小可以调节，喷漆较均匀、易干，但需要压缩机，所以也有用罐装喷漆，不过价格稍贵。

划线器：用划线器可以方便地确定船舶的水线位置，便于喷漆时区分两种颜色的分界线。

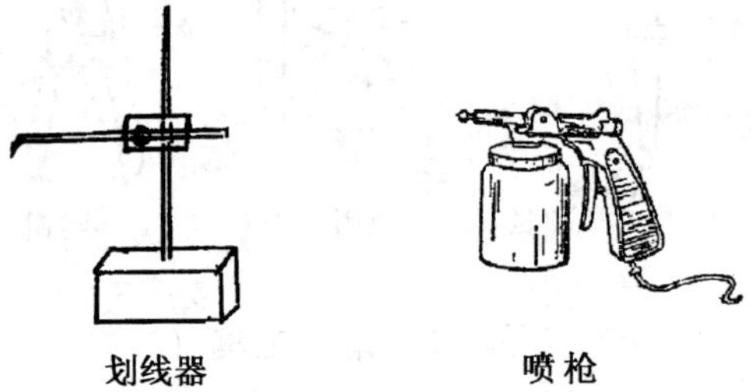

图 2-2-8　常用工具（4）

5. 金工工艺常用工具

这些工具有台虎钳、钢丝钳、锉刀（扁锉、什锦锉、圆锉）、锤子、凿子（狭口凿子可根据需要用废锯条自制）、螺丝刀、扳手、手摇钻或电钻、各种钻头、丝锥、扳牙、钢尺、卡尺、钢直角尺，见图 2-2-9。

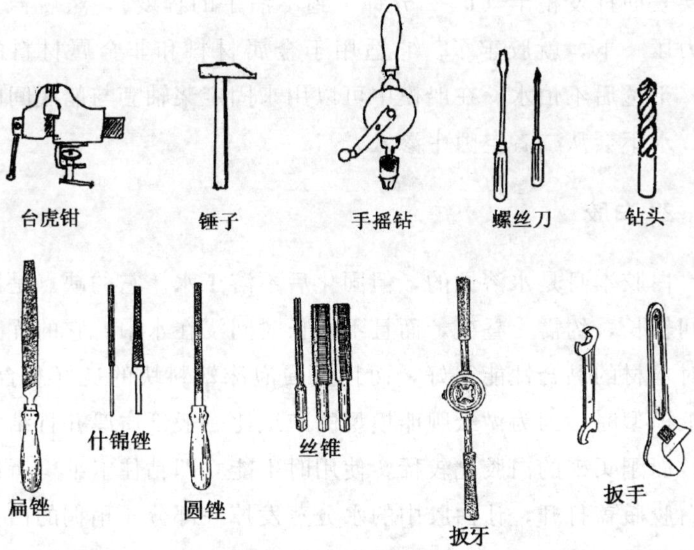

图 2-2-9　常用工具（5）

三、黏合剂

在航海模型的制作中，船身及上层建筑、设备零部件等往往由许多块材料组合而成。考虑到船身需要下水航行，拼接起来的地方不但不能漏水，还要外表光滑，使之在水中的阻力很小，所以对黏合剂的合理选择和正确使用就很重要。

在制作船模中常用到百得胶、白胶、502 胶和合成树脂胶以及氯仿等。

1. 百得胶

百得胶的包装像牙膏一样。使用时将胶涂抹于要胶的物体表面，两个物体表面都要涂薄薄的一层，置于空气中稍等一会，让胶层表面挥发稍干（1～2 分钟，到不沾手的程度），然后合上稍用力压一下，就胶牢了。它适用于金属材料和非金属材料的黏结，干透后不怕水。在船模中可以用来固定桨轴套与船底间的位置，水不会从二者空隙中渗入。

2. 白胶

白胶本身是水溶性的，但固化后不溶于水。它的缺点是固化时间较长，约需一昼夜，而且不能长时间浸在水中。它的优点是它对木材的黏合性能很好，而且是硬泡沫塑料块的良好黏合剂。粘纸模型时，因为做纸舰船模型的卡纸比一般纸质厚并且结实一些，而刚买来的白胶比较稀，使用时不能立即粘住卡纸，所以要把白胶瓶盖打开，让白胶中的水分蒸发掉一部分。稍稠的白胶粘卡纸效果比较理想。硬泡沫塑料零件的表面涂上白胶，干后显得既平整又光滑，可以在上面喷漆而不会损坏。

3. 502 胶

它是一种无色透明液体。它使用很方便，不需加热、加压，在室温下就能迅速固化，可黏结金属、玻璃、塑料、木材等。502 胶的耐水性不好，固化后呈脆性，使用时不要沾上皮肤和眼睛。学生使用此胶时千万要小心。由于 502 胶水很稀，容易流动和渗透，因此使用时可将两块要黏合的材料对齐靠拢，将 502 胶水从接缝处滴一滴，让它顺着缝隙渗入、流开，一会儿就干了。对于木材，因为其容易渗入木材，所以反而不如玻璃、金属片等黏合的效果好。

4. 合成树脂胶

合成树脂胶种类很多，常用的 AB 胶（环氧树脂类）对木材、金属、陶瓷、玻璃、橡胶等都有很好的黏结性能，可以在常温下固化，收缩率很小，不怕水，稳定性好。但固化时间约需一昼夜。使用时将 A 胶和 B 胶按使用说明上的比例调和（一般为 1∶1，也有的品牌规定为 1∶2），然后才能使用。

5. 氯仿

氯仿又称三氯甲烷，是一种无色透明液体，能将一般有机玻璃和注塑模型的硬塑料溶化，常用来黏合有机玻璃零部件和注塑模型船的各种零部件。由于它是液体状态，因此使用时与 502 胶一样，一滴一滴地渗入，太多了渗溢出来，会影响表面光洁度。

第三章　纸制船模制作

一、基本制作材料和方法

制作纸制舰船模型的材料主要是卡纸。市场上出售的一些纸制舰船模型种类很多，大多造型精美、色彩鲜艳、而且售价便宜，制作工艺有难有易，适合低中年级入门。

制作纸船模型，最好根据自己的爱好和实际制作水平挑选难度适当的品种。我们可以从模型的零件多少、零部件精细程度来判别，然后按先易后难来选用。制作纸制舰船模型一般要求做到：整体船模的外形挺括，折边的线条整齐，零部件的组合位置正确，黏合牢固、无明显的缝隙或脱开。为了做到这些，制作时要注意以下几点。

（1）首先，应仔细研究图纸，看懂图纸中每个零部件的名称、编号以及它与其他零部件的相互关系。例如这个部件是由哪几个零件组成的？每个零件应该粘在什么位置上？每个零件应该怎么弯折？朝上折还是朝下折？有的零件需要卷制，如炮管；有的需要用刀挖空才能粘牢的。这些都要先弄清楚，做到心中有数，然后再动手剪制。

（2）对需要弯折的地方，先用划针或小刀轻轻划出一条压痕（不要划断纸层）再用尺的边沿压住划痕处弯折，纸折出的边就又整齐又挺刮了。一般图纸上虚线表示要向外折，而点画线则表示要向内折。

（3）要进行卷制的零件，先在较粗的圆柱体上按压几次（例如钢笔杆上滚压几次）使它有一些自然弯曲度，再换细一点的竹丝或缝被针，衬在里面卷，卷到合适的粗细后粘住。有的时候，炮管很细，卡纸太硬太厚卷不好，可以考虑先将卷制的卡纸里层剥去半层，纸就好卷了。

（4）制作时一般先做船体，再做其他零部件。做哪一部分，就剪哪一部分，这样可避免丢失零件，小零件要及时组装成较大的部件或者粘到甲板上指定的位置。例如带缆桩或首尾旗杆等，一时无法安装到位的部件，要找个空盒放在一起，免得不留心丢失或损坏。

（5）胶水的使用也很重要，既要能粘牢又不要溢出来，干了以后，在干零件的外表上看不出胶水的痕迹。所以要采用稠度厚一点的白胶，用牙签沾胶在要胶的地方薄薄涂一层，黏合时稍用力压一下帮它粘牢。卡纸容易弹开，脱胶的地方可以用小的铁夹子夹住，等干透后再拿下。

（6）纸船模上层甲板与船体合拢时，最容易出现的毛病是扭翘现象。尽管零部件做得很好，但总装时扭翘得合不拢或是合上了但不挺括了，整条船则成了扭曲的麻花。在上下两层合拢的过程中，要放平稳、顺其自然，一点一点黏合，满意后再压紧、固定。

（7）如果要使纸模型能在水上航行，除了安装橡筋或电动机作为动力外，最要紧的是要让纸船防水，不漏水（特别是船底合起来的地方不能有未粘牢的缝）。防水处理一般是给船体和需要防水的部件涂刷清漆，大部件也可先涂再做，小零件则先做好再涂清漆更方便。

二、南湖船制作

南湖船是浙江嘉兴南湖上的一条游船。1921 年 7 月，中国共产党在该船上召开第一次全国代表大会，通过了成立中国共产党的决议和党的章程，选举出党的领导机构。中国诞生了共产党，这是开天辟地的大事件。

嘉兴南湖上的游船原型为一种渔船，称为单夹类丝网船。主要特点是船分前、中、后三舱，船的右边有一条通道贯通。复制成的实船长 14 米、宽 2.8 米、深 0.9 米，平头、平尾、平底，船尾装不平衡荷包舵。船内有客厅、卧室、厨房，在船尾还有一条小交通船，见图 3-2-1。

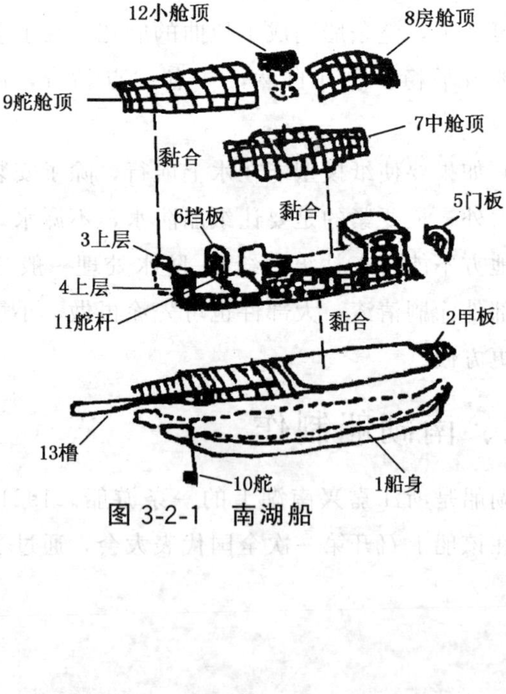

图 3-2-1　南湖船

1. 制作材料

纸质南湖船模型卡纸一张，见图 3-2-2，白胶若干。

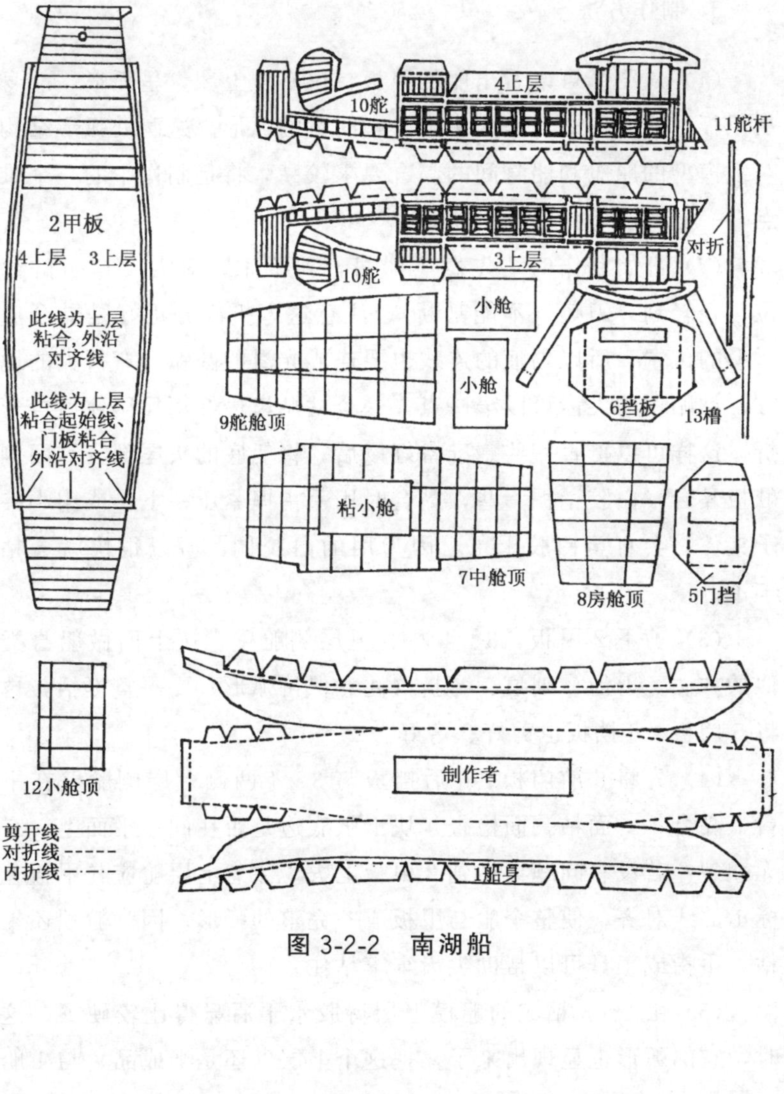

图 3-2-2　南湖船

2. 制作工具

剪刀、尺、小刀、铁夹子。

3. 制作方法

（1）从图纸可以看出船的甲板首尾有点上翘，呈弧形，船身从甲板平面图形来看呈两头窄、中间宽的弧形。这两处弧形结构对纸模型的船舱和船身间的黏合要求较高，将是制作中的一个难点，一定要在弯折黏合时注意。

（2）开始制作时，先做1船身，剪下来，对需要弯折的部位，轻轻划一刀痕（不能割断）。注意这弯折部分正好是黏合成弧形的位置，所以划痕的连线也要连成光滑的圆弧。弯折大的地方，粘贴用的尖齿可以窄一点，这个粘贴齿最好用尺压住后再弯折，这样可以挺直一些。准备好以后，将船底的头尾部分与两侧舷板黏合，白胶稍稠一些，黏合时用手指捏紧压一下，或用小夹子夹住一会直至白胶干了，因为用的白胶稠，所以很快就会粘牢了。

（3）剪下2甲板，3、4左右上层侧舱壁，按上面做船身类似的方法，剪齿、划痕、弯折（注意保持弧形）要平整挺括，再将5门板、6挡板也剪好、弯好。

（4）先将5前门板、6后挡板与3、4两侧上层侧舱壁在平台上黏合，一面粘一面检查4块卡纸底边是否在同一平面上，有无翘裂？若没有问题再粘到2甲板上去。注意上层舱应与甲板上标示的线对齐，使整个舱与甲板成一完整的弧形。因为舱顶还未粘，手指或工具可以帮助尖齿牢牢粘住。

（5）由2～6粘成的船模上层待胶水干后显得比较硬了。这时，它的弧形也显现出来了，把这个上层（还是半成品）与1船身配合，检查有哪些不能密合的尖齿，以便在未涂胶时就进行修正。黏合时，将1船身的尖齿折到比直角稍大一点的位置，约100°时上翘（这点很重要，因为这一上翘角度能保证甲板与船身黏合时尖齿全部粘牢。如果一开始就是90°平折，甲板粘上去时，可能尖齿会压下去，就不能全部粘实）。在船身尖齿上均匀涂白胶，稍停一会（看白胶快干时）将甲板及上层建筑轻轻压上去，手要等确实粘牢后再移开。这时船身与甲板间应该密缝、尖齿也不再上翘了。还有一个办法是在2甲板当中白纸处开个狭长孔，黏合时可以将手指伸入长方孔中加压，帮助粘牢。最后检查弧形是否光滑平整。

（6）接下来做7、8、9、12舱顶，方法与前几块类似，但舱顶要先弯成微微拱起，然后粘牢。

（7）10舵有2块，左右黏合成一整体，等10舵柄穿过船尾甲板上小孔后，11舵杆对折夹住10舵柄，完成舵的安装。

（8）13橹是单层卡纸，可能太软，可以在背后再加粘一层使它硬一点。将其放在甲板尾部，全船完成。

三、游艇制作

游艇是用来供游客乘坐观光游览用的，大的可以搭乘几千名游客，有豪华的各种客房设施，包括宴会厅、舞池和游泳池等。

还有一种比较小型的游艇，载客几十名，有比较舒适的观光设备，机舱置于客舱下面，采取了隔音和减震措施，所以震动与噪音较小，如航行在长江三峡的观光游艇。它们稳定性好，操纵灵活，是较为理想的水上交通工具。

下面我们介绍的是一种小型游艇的纸质模型。

1. 制作材料

彩印纸质游艇套材（卡纸）、白胶（稍稠一点）。

2. 制作工具

剪刀、小刀、尺、镊子钳、铁夹子。

3. 制作方法

（1）船体。这套模型的船体设计分成 4 块，一块是甲板，一块是尾板，另 2 块是左、右舷板和艇底。制作的关键是，用来黏合另一块的锯齿形边要剪得整齐、折得挺直，而且胶水的黏性要强。这几点也是做纸模型的要点。先用剪刀沿模型的边线整齐地剪下来。锯齿部分适当放宽一些，粘的面积大一点，容易胶牢，贴在里面，大一点不会影响美观。在转弯成弧形的地方，粘贴的齿要剪得窄一点；直线粘贴的地方，齿不妨宽一点。

齿剪好后，把它们折过来时，应该用小刀的刀背“压”出一个折痕，这里的“压”，表示不能割断。如果用刻写蜡纸的铁笔尖，在纸上折弯处用力划一下也行，卡纸折边的时候，下面要垫一根直尺，对准划过的刀痕，轻轻一压，就能很自然地弯得又直又挺了。

黏合时，选用稍稠一点的白胶（打开白胶瓶盖，让白胶在空气中蒸发掉一些水分），均匀涂在齿上。合拢时，要用手指揿一下，可以用铁夹子的地方用铁夹子夹一会儿，干透了就好。在折角和转弯处，例如船尾板与两边舷板黏合处，手指太粗，揿不着，可以用其他工具帮忙，如镊子、钢皮尺等揿牢。

剪下白色船体甲板（另一块是彩色的船体甲板），挖去 3 块（图示挖空处），然后按前面所讲办法将已拼成的空壳船体黏合，挖空处可以伸进手指或工具帮忙揿牢。

(2) 上层建筑。g 是前舱室，它的三边共有 10 块窗玻璃，按线条剪下，折边，先粘成一个长方形的空框框。然后再粘前舱顶。把前舱室的空框粘到彩色主甲板上，手从前舱顶向下揿合，粘牢后再黏合前舱顶。然后做 e 上甲板围壁，粘在前舱室顶上。h 是后舱室，剪下折边后粘在主甲板后部，前后舱相连的部分要涂胶粘牢。d 是顶棚，它先要对半折叠黏合（可以更硬更挺一些），然后通过 f 顶棚支柱、e 上甲板围壁上 2 个支柱的黏合形成。桅杆、航行灯等粘在顶棚上，k 是椅子，折叠后粘在主甲板尾部 k 处。最后黏合 2 块甲板，等粘牢后将甲板尾部舷墙 j 粘在甲板最后边，至此模型完成。

本模型的黏合程序是考虑到施工方便，读者也可以自行安排施工先后顺序，但求粘牢、粘得挺括。

参见图 3-3-1～图 3-3-4。

四、登陆艇制作

登陆作战舰艇是专门用于登陆作战的一种舰艇。主要任务是在登陆作战时可以迅速地将登陆人员、车辆、装备和其他物资输送到敌方的滩头阵地，以保障登陆成功并向纵深发展。平时也可以担负运输任务。

登陆舰艇一般是根据其装载量的多少，分成大、中、小三种类型。大型的排水量在 2000～4000 吨，可装载 15～20 辆坦克或一个加强步兵营的兵力，中型的排水量在 600～1200 吨，可装载 5～10 辆坦克或一个加强步兵连的兵力，小型的排水量为 80～400 吨，可装载 1～3 辆坦克或其他物资，也可以载运一个加强排的兵力。

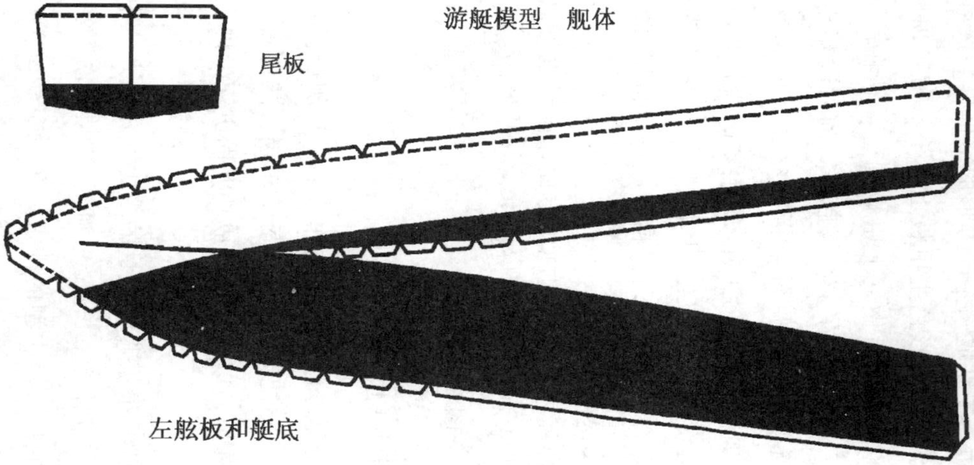

图3-3-1　游艇（1）

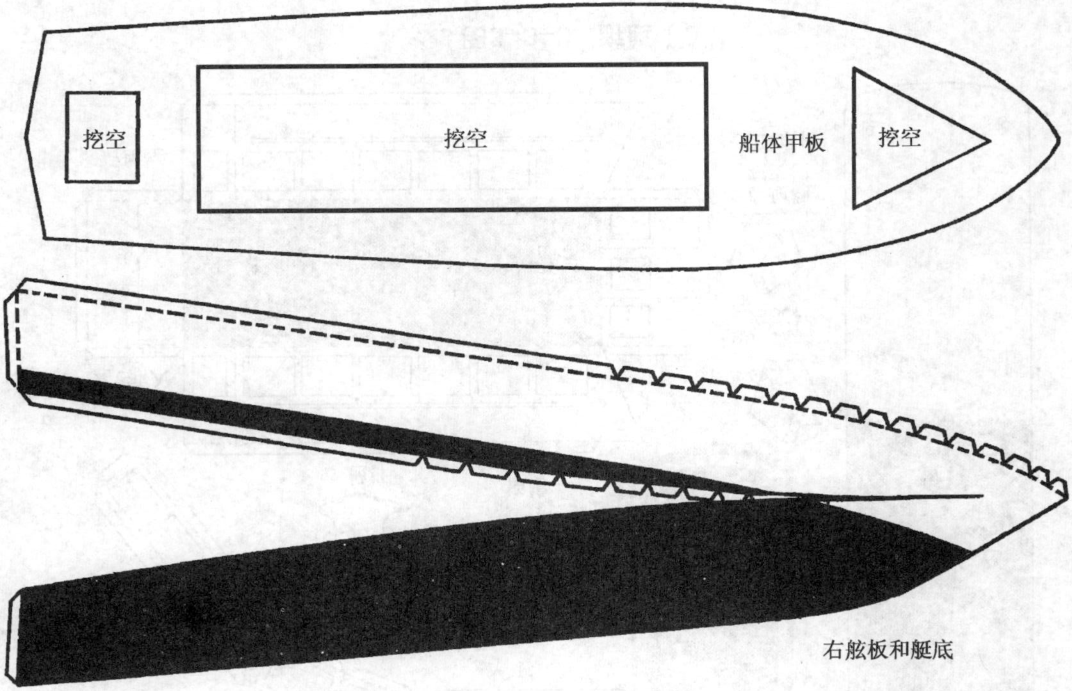

图3-3-2 游艇（2）

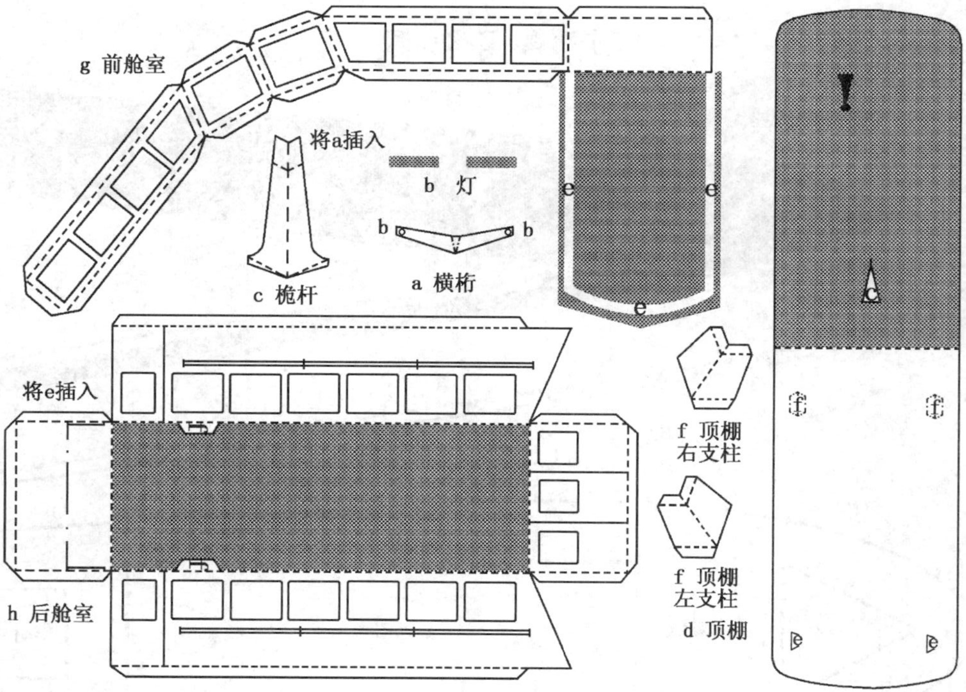

图3-3-3 游艇（3）

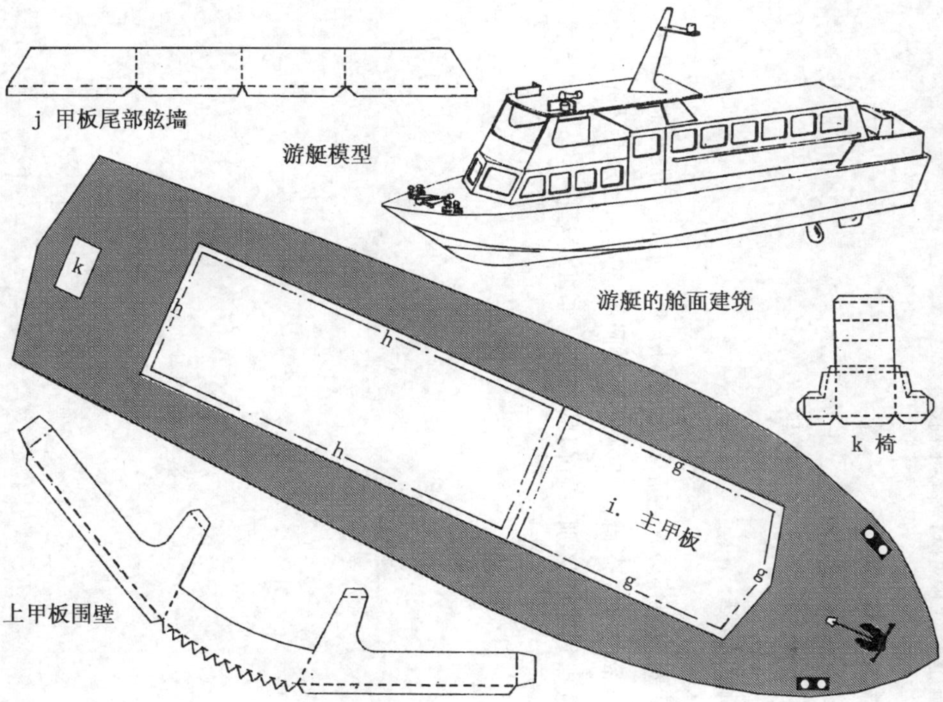

图3-3-4 游艇（4）

1. 制作材料

登陆艇卡纸模型材料、白胶。

2. 制作工具

剪刀、小刀、尺、镊子、钳。

3. 制作方法

登陆艇的制作方法与前面所讲的一样，它的驾驶舱需要正折或反折，希望不要搞错，具体折法参照图 3-4-1 上方立体示意图和虚线及点划线的区别。首门的部位，卡纸要对折后黏合加强。

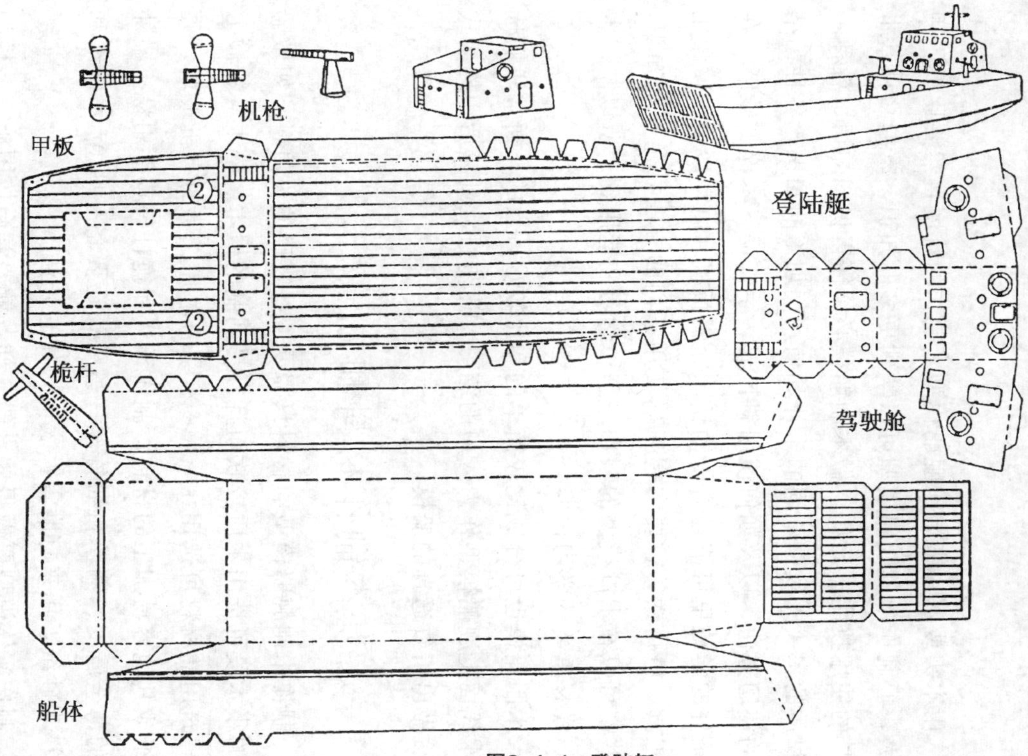

图3-4-1　登陆艇

第四章　木制水线面舰船模制作

用木头或木片来制作舰船模型，制作的难度自然要比纸质舰船大，但制作木制舰船模型可以学到更多的知识，掌握多种基本工具的使用技能。比如，做木制船模必须懂得识图知识，各种不同材质的木头、纹理不同的木片如何切削加工的知识，各种黏结剂的使用方法，以及如何使用斜口刀、手工锯、木锉、砂纸。在有条件的学校里可能还有电动钻床、锯板机、电动砂轮、喷漆用的工具、电烙铁等，要掌握正确使用它们的方法以及安全知识，这些都可以在木制模型的制作过程中学习和运用到。所以制作木制船模是重要的学习内容。

木制船模也可分成比较简单的和比较难一点的，通常我们选择水线面上舰船模型作为入门的练习，逐步过渡到以后用构架式方法做出精致逼真的船模。

一、基本制作材料和方法

制作木制舰船模型的材料只需要一些零碎的边角料：如做船体的小木段可选用木质较软而且容易削制的椴木、松木等；做上层建筑用的材料可选用 1～3 毫米厚的木片、薄的有机玻璃、硬卡纸或其他容易加工的材料；制作天线和桅杆等零件用易拉罐外壳的薄金属皮、铜丝和细竹丝。另外，还要备一些 0# 木砂纸和 500# 水砂纸，用来打磨零件表面，使它光洁。

制作实体模型要做得像真船一样，就要学会按图施工。模型图纸大都是根据真船以一定的比例缩小画成的。我们做船模时，通常都按图纸尺寸以 1∶1 来制作，比较方便。

模型一般分成船体、上层建筑和设备三大部分。通常先做船体部分，再做上层建筑，最后是设备部分。

1. 船体部分

按照图纸、把船体的侧面和平面形状用复写纸复制在硬卡纸上，并剪出其外形，做成样板。

在做船体的木块上下两面画出中心线，样板对准中心线画出船的侧面和平面的外形轮廓，如图 4-1-1 所示。

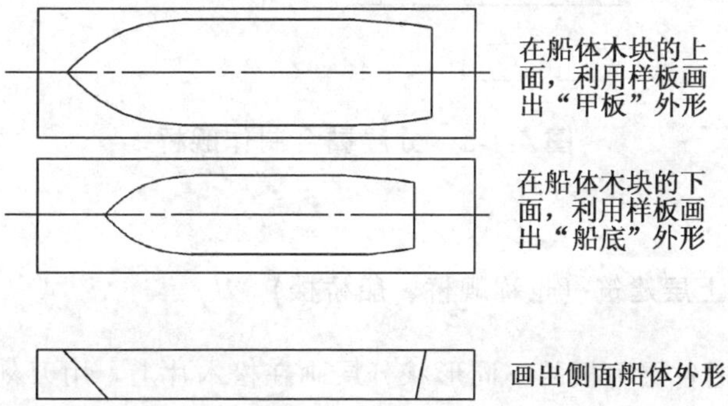

图 4-1-1　船体制作

用斜口刀按照船体外形轮廓线，顺着木纹轻轻地削，如图 4-1-2 所示。要注意船体两舷要削得对称且使型线光滑，尽量少用砂纸加工。

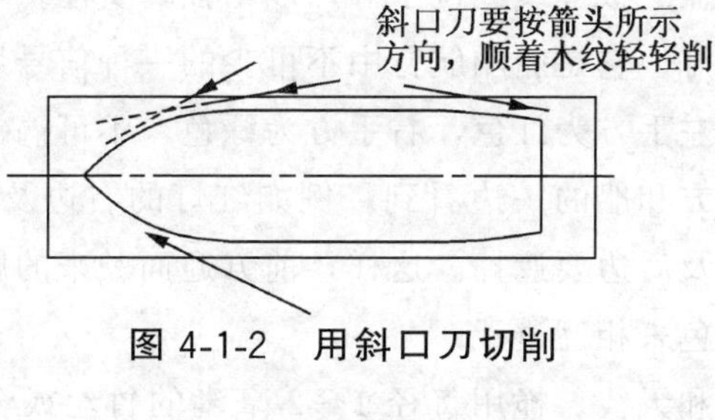

图 4-1-2　用斜口刀切削

如船有首楼和尾楼或船的甲板两端翘起，中间低凹，削船体甲板有困难，可把首楼和尾楼分开做，等甲板削好后，再胶上首楼和尾楼，见图 4-1-3。

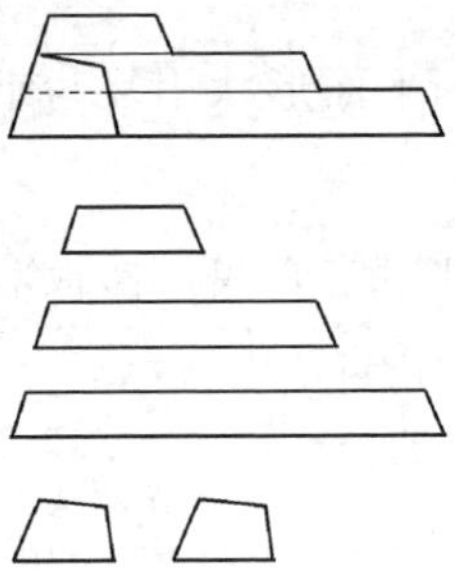

图 4-1-3　分层黏合制作舰桥

2. 上层建筑（也称舰桥、船桥楼）

先把各层甲板的不同形状分层画在松木片上，用刀刻出各层外形，然后将上层建筑一层层黏合在一起，对由几层端面共同组成的表面要加工打磨平整。安装天线和桅杆的地方要钻好孔。

3. 设备部分

（1）舱口盖。舱口盖用薄木片或硬卡纸做。其表面可以轻轻地画出舱口盖的板缝线或拉手等，以增强真实性。

（2）舷灯。它是船舶航行中不可少的一种信号灯。从驾驶台上向前看，左手方为红色，右手方为绿色，不可搞错，舷灯的光只能从船前方和船的一边看到。例如红灯的右边及后边要遮住，绿灯的左边及后边要遮掉。这样，前方迎面驶来的船可以根据看到舷灯的颜色来相互避让。

（3）桅和天线。桅用直径 1～2 毫米的竹丝或金属丝做，例如可以用牙签或回形针铁丝改制。桅要插在预先钻孔的甲板或桅座上，滴1滴502胶水即可。桅座可用小木块按图要求削成。

(4) 雷达天线。天线通常用易拉罐铝皮剪出外形，变成凹面弧形或平面，粘在天线杆顶部；呈球形或半球形的，可找一些类似的颗粒代用。如将铝皮放在木块上，再把自行车用的钢珠放在铝皮上，然后用锤子敲钢珠，铝皮上就会凸现一个半球形，酷似雷达天线。

(5) 火炮和鱼雷管。炮身用木块削制，炮管如果很细，可用细金属丝代替，如用2#～3#大头针截一段钉入炮身。鱼雷发射管可以用3毫米×3毫米木条削圆截取，或用空的圆珠笔心或空的水笔心代用。

(6) 集装箱和平台。集装箱可以用比较光滑和细洁的杨木或有机玻璃等材料制成。在材料表面刻出集装箱的层数，各层最好涂上不同颜色的漆。

(7) 驾驶舱、窗和门。它们可以用不同颜色的“即时贴”表示。例如银色的即时粘贴上后很像真的窗玻璃，黄色的即时贴看上去像木头的门等。

总之，制作实体舰船模型用的材料和制作方法可以根据舰船特点，自行确定。

4. 油漆

上层建筑各零件制作完成后，可以涂漆进行美化。同一种颜色的部件也可以组装在一起后再漆。由多层零件构成的上层建筑，上漆时要注意各层凹凸的棱角线，不要磨损。涂漆不仅可以增加模型的美观性和真实性，还能起到防水、防锈蚀作用，是整个制作中的重要环节之一。

涂漆的一般过程如下：

（1）木制舰船模型涂漆工艺与注塑拼装船模的涂漆工艺不一样，由于木质的疏松、多孔，做好的模型表面总会留下一些缺陷，因此这些缺陷需要通过砂、嵌、涂等方法来弥补。

（2）在涂漆前，先用 0# 木砂纸将零件各表面仔细砂光滑，但要防止将应该保留的棱角磨损，特别是由多层黏合成同一平面的表面要砂光滑。例如由多层组成的驾驶楼，它的正表面看上去要像一整块材料制成。

（3）初步砂磨后，可能还有一些明显的凹痕，这要用涂腻子的办法来填补。在涂腻子前，要将木质模型先涂 1～2 遍虫胶清漆（泡力水），涂过虫胶清漆后，木材表面会有一条条木质纤维突起，可以用水砂纸轻轻砂平。由于虫胶液的渗入，因此木质不像未涂前的疏松多孔状了，变得坚实平整多了，而且腻子涂上去也容易黏附而不致脱落。

腻子市上有售，不过粒子较粗，价钱也贵，还是自己用清漆拌滑石粉做的更好，做法：把滑石粉放在平玻璃板上，倒入一些硝基清漆，用小刀或钢皮尺将滑石粉和清漆拌成糊状（稀稠程度视实际需要，用滑石粉与清漆的比例来调整）。填补在有明显凹陷的地方。每次薄薄地涂一层，不要一下子涂得太多太厚。如果腻子涂太多，可能外面的干了，里面还未干透。涂得薄一点，里外都干透了再补涂，这样一层一层都容易干透，效果就好。

腻子随用随拌，剩下的容易结硬块，不适宜再用，滑石粉中如果有粗粒杂质，也要剔除筛清才用。

打磨腻子可用 300# ～500# 水砂纸带水磨，效果较好。

等到腻子干透磨平后，就可以考虑涂漆了。一般采用硝基漆，因为它色泽鲜艳、干得快，但是不能和油性磁漆交替使用或掺和使用。腻子也用硝基漆拌滑石粉，干得较快。涂漆时，漆笔要选用毛质软而不易脱毛的底纹笔或羊毫笔，沾漆涂 2～4 遍，如漆太稠，可以用香蕉水调稀一点。每次涂漆时一定要涂得薄而均匀，顺着一个方向涂刷，等到干透后再涂第二遍，也可以换个方向涂刷，更易涂均匀。

漆太稠时，不易涂布均匀；太稀时又会流淌，用毛笔沾漆时，最好不要一下子沾很多。试试吧，手工涂漆的工艺还有很多学问呢。

做好船模后，可以另外配上底座或背景图片。用有机玻璃做个防尘罩，就更显得精致、漂亮了。

二、小炮艇制作

1. 制作材料

船身：25 毫米×70 毫米×6 毫米松木块 1 块。

上层建筑：4 毫米×8 毫米松木条。

炮：4 毫米×4 毫米木条 2 根。

桅杆和炮管：2# 大头针。

砂纸、百得胶或 502 胶若干。

2. 制作工具

斜口刀、锯、砂纸板、尺、笔。

3. 制作方法

（1）将图纸中船身的平面图用复写纸或样板画到船身木板上去，见图 4-2-1。

（2）用斜口刀沿船身轮廓线削出船身外形，注意左右两侧弧线要光滑，与中心线的距离要对称。

（3）按图纸要求，在 4 毫米×8 毫米的木条上锯出与上层建筑各层相同长度的木料，两端用刀削成与图中要求一样的斜面。因为上层建筑是两层叠起来的，所以要用百得胶或502胶胶牢后再将端面磨平。

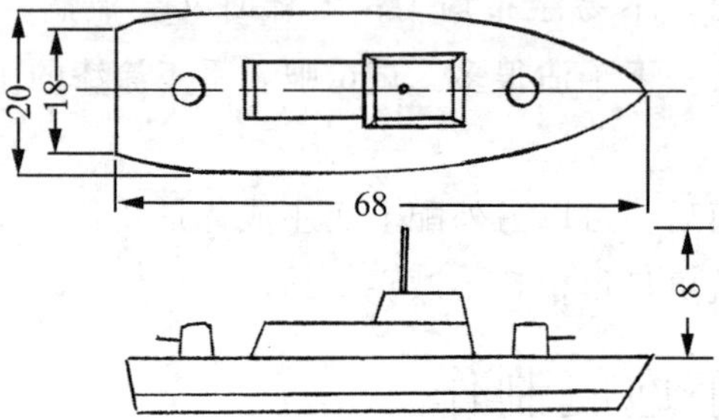

图 4-2-1 小炮艇

（4）小炮有前、后两门。先取4毫米×4毫米的木条，按图纸要求将其加工成圆柱形。其一端用砂纸砂圆，用2#大头针在炮管位置处钉入圆木柱，剪去多余部分，作为炮管；另外将木条按小炮高低需要切下，磨平底面，小炮就做好了。

木条削成圆柱的方法，是先将四方形木条的各条棱线轻轻削去，四方形木条变成了八边形木条，再对各条棱边加工，使它变成十六边形……再用砂纸轻轻砂磨，边砂边转，木条就变成圆柱形了。

（5）桅杆可以用大头针插入上层建筑的顶层（图中规定的地方）剪去不需要的多余部分，注意桅杆要竖直安装。

（6）涂色参考：艇身及上层建筑为青灰色；甲板为草绿色；小炮为深蓝色；船身水线以下为深红色。

三、黄蜂Ⅲ级导弹艇

导弹艇速度快，是一种以装载舰对舰导弹为主要武器的小型舰艇。图 4-3-1 就是前苏联海军黄蜂Ⅲ级导弹舰的模型图。其主要武器装备是：艇载 4 枚可折翼（代号为 SSN-11）型飞航式舰对舰导弹。此种导弹射程远且命中率高。艇首艇尾各有一门 23 毫米口径的全自动炮。黄蜂Ⅲ级艇全长 40 米，型宽 7.8 米，吃水 1.8 米，排水量为 205 吨，主机功率为 9 900 匹马力（约 7277 千瓦），航速 35 节。

1. 制作材料

船身：120 毫米×30 毫米×10 毫米木块 1 块。

舰桥：70 毫米×12 毫米×15 毫米木块 1 块；10 毫米×15 毫米×1 毫米木片 2 片。

导弹发射架：5 毫米×5 毫米×25 毫米桐木条 4 根。

前后自动炮：6 毫米×6 毫米×10 毫米木条削成圆柱再截成 2 个炮身。

桅杆及雷达天线：1 毫米×1 毫米木条、少量铝皮、大头针。

砂纸、百得胶若干。

2. 制作工具

刀、钳子。

3. 制作方法

（1）船身。把船身平面图形画到木块上，以中心线为准检查其左右是否对称。若对称，则用刀仔细地顺木纹方向削下来。做船身的木块较厚，为此可以先锯去一部分边角，再切削成型。切削时，要注意先按甲板图样大小，对船身木块进行加工，使船身甲板和船底一样大小。再在船底补画中心线和图中表示船底大小的线。检查无误后，开始对船底进行加工。要注意的是：这时刀

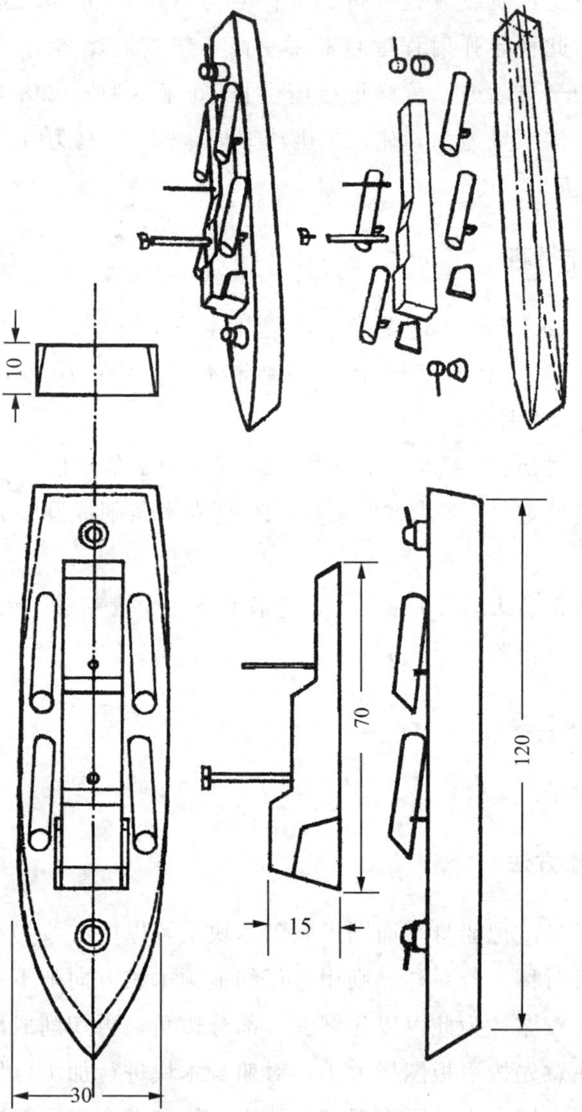

图4-3-1　黄蜂Ⅲ级导弹艇

子不要削到甲板部分，削好后要砂光。

（2）舰桥。因为舰桥呈阶梯形，所以切削时要使每层平面平坦光洁，折角处挺括、清晰有一定难度。如果用 5 毫米厚的木片按图中舰桥各梯层形状分开加工前后端面会容易些。先将 3 片不同长度的木片叠起来胶牢，前端面对齐、磨平，70 毫米长的一片叠在最底层，中间的是 40 毫米长的一块，20 毫米长的一片胶在最上层。舰桥前端左右两边凸出部分用 1 毫米厚木片裁出四边形，贴在两旁。等全部粘好干透后，砂光磨滑，在中间顶层用锥子钻一个圆孔，圆孔直径为 1 毫米。在圆孔中插入桅杆及雷达天线，在底层顶部钉一根大头针（剪去小圆顶）使之固定。

（3）导弹发射架。将 5 毫米×5 毫米木棒用刀削或砂纸砂成直径 5 毫米的圆柱体，截成 25 毫米长的 4 根；再将一端面削成斜盖，做成导弹发射架，要求 4 个大小一样。导弹发射架后端与甲板接触处用少量的 502 胶水胶住，前端下部用 1 毫米木片支撑，如图 4-3-1 所示，也要胶牢。发射架的安装位置按图所示，而且要左右对称。

（4）前后自动炮。炮的底座分上下两层，下层较粗一些，将上层顶部砂圆。上下两层间用大头针垂直连接，使上下两层可以旋转。炮管用大头针钉入上层侧面，剪去过长部分。炮做好后，将其下层底座粘在甲板上，而上层炮身和炮管可以四面旋转，效果就更逼真了。

（5）给导弹艇上漆。艇身用天蓝色（稍深一点）。甲板用草绿色，舰桥、导弹发射架、自动炮等用蓝色。

四、江湖级导弹护卫舰

护卫舰是一种用途广、排水量小、航速较快、机动性好的水面作战舰艇。它的主要任务是保护舰队航行安全，其次，它还有海上警戒、巡逻和侦察等用途。

新型护卫舰的特点是：第一，在武器装备上配备舰对潜、舰对空和舰对舰导弹，鱼雷发射管，自动炮和反潜直升机；第二，在电子配备方面有对空、海警戒雷达，制导、炮瞄雷达及电子对抗装置，另外，还有舰载固定声呐或拖曳式声呐装置；第三，动力装置常采用燃气轮机或柴油机，双桨双舵或可变距螺旋桨；第四，舰桥用铝合金材料做成，这样，舰的质量小、耐腐蚀，也提高了船的稳定。

图 4-4-1 是我海军江湖级导弹护卫舰模型工作图。

江湖级舰长 103.2 米，型宽 10.8 米，吃水 3 米，满载排水量为 2000 吨，航速为 26 节，续航力为 4000 海里/15 节。主机为 2 台柴油机，总功率 24 000 马力（1 马力＝0.735 千瓦），主要装备有：双联装 SS-N-2 型舰对舰导弹发射装置 2 座，100 毫米口径的火炮 4 门，以及深水炸弹发射炮等。

1. 制作材料

船身：120 毫米×15 毫米×8 毫米松木块 1 块。

上层建筑：用 3 毫米厚木片按图示尺寸裁下。

烟囱：用 8 毫米×8 毫米木条截下一段削成。

自动炮及导弹发射架：用 5 毫米×5 毫米木条截下一段削成。

炮管：用大头针钉入炮座，截去多余部分。

桅杆：用回形针材料焊成。

砂纸、百得胶若干。

2. 制作工具

刀、锯、钳子、烙铁等。

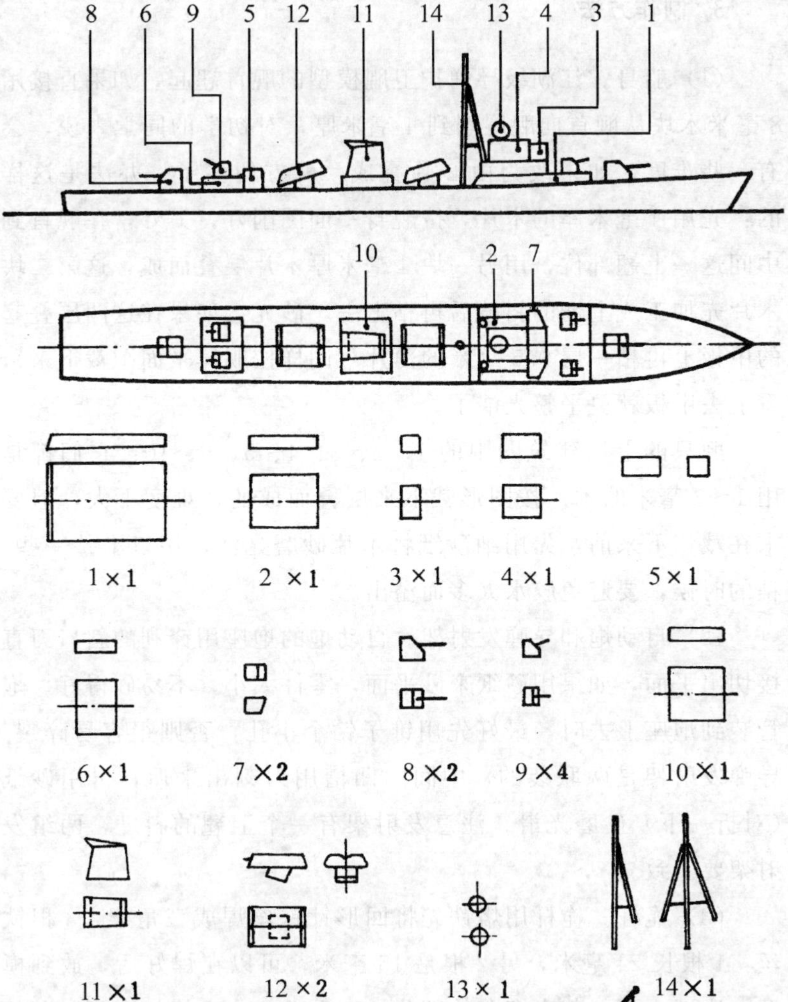

图 4-4-1　江湖级导弹护卫舰

注：图中 a×b，a 表示零件标号，b 表示零件数（全书同）

3. 制作方法

（1）船身。江湖级导弹护卫舰模型的舰首翘起，如果直接用8毫米木块从舰首向舰尾削到4毫米厚，对初学的同学来说，会有一些难度。如果改为由2片叠成，就方便多了。办法是这样的：先用4毫米厚的木片，按舰身平面图削好，另外，在舰首到中间这一上翘部位，用另一块4毫米厚木片层叠而成，这第二块木片先加工成上翘的斜坡后再粘上去，砂光。如果在这两层叠起的甲板上再粘一层0.5毫米的薄片（同样按舰体平面图裁下来），看上去甲板就更平整光洁了。

舰只的上层建筑图中的1、2、3、4、5、6、10：它们都是用1～3毫米的木片按图形裁下来层叠而成的，难度不大，但要求在裁切下来前，先用细砂纸将木片砂磨光洁，切口平整一些。粘的时候，要避免胶水太多而溢出。

（2）自动炮和导弹发射架。自动炮的炮座用锋利的斜口刀直接切出平面，如果用砂纸来砂平面，零件太小，不易砂得好。炮管装到炮座上去时，最好先用锥子钻个小孔，否则很容易碎裂。导弹发射架是两联装的，中间的凹槽用刀刻出来后，再用砂纸（对折一下）砂磨光滑。注意发射架有一个上翘的斜度，两组发射架要一致。

（3）桅杆。桅杆用烙铁先将回形针铁丝焊成三角架，3根铁丝：1根长24毫米，另2根是15毫米，可以在焊好后，放到模型上比试一下，截去多余的部分。直立的一个主桅杆也可以稍长一点，将它插入船身甲板，直到2根斜杆正好接触2号上层建筑（用一点胶胶住）。

（4）火炮指挥雷达。它是一个圆球形的雷达，我们可以用钢珠一类来代替。

(5) 零件名称及涂色参考。图 4-4-1 中，1～6 为舰桥（或称上层建筑），7 为舷灯，8、9 为火炮，10 为甲板室，11 为烟囱，12 为双联装导弹发射装置，13 为火炮指挥雷达，14 为三脚桅。甲板用草绿色，其余均为蓝灰色。

五、绍兴号干货船

干货船又称杂货船或统货船。它载运成包、成箱、成捆的杂件货。载货品种适应性较强。干货船的载重量从几百吨到数万吨之间。这种船的外形特征是：甲板上有较多的货舱口及水密舱口盖；大多数船上装有装卸货物的吊杆、桅和起重卷车等；通常甲板有 2 层。按机舱位置的不同又可分为中机型、中后机型及尾机型三种型式。

13 700 吨绍兴号远洋干货船是中国出口的船舶之一，见图 4-5-1。它主要用于运输一般干杂货，可航行到世界各地的大中港口。该船上装有卫星导航设备，与电罗经、计程仪及自动操纵舵等设备配合，可使船舶依靠卫星导航从一个港口自动驾驶航行到另一个港口。绍兴号船长 161.9 米，型宽 21.2 米，型深 12.5 米，吃水 9.2 米，航速 18.73 节，主机功率 9 000 马力（6 615 千瓦），单螺旋桨、单舵，船上有 5 个货舱，在第二和第三货舱间有一座能起重 60 吨的 V 形吊杆桅，吊杆在 V 形桅的中间左右、前后转动。它能吊装如火车、机车之类的大物件。

1. 制作材料

船身：170 毫米×25 毫米×10 毫米松木 1 块。

船头上翘部：25 毫米×25 毫米×8 毫米松木 1 块。

上层建筑：25 毫米×3 毫米×150 毫米木板 1 块，用时根据需要截短。

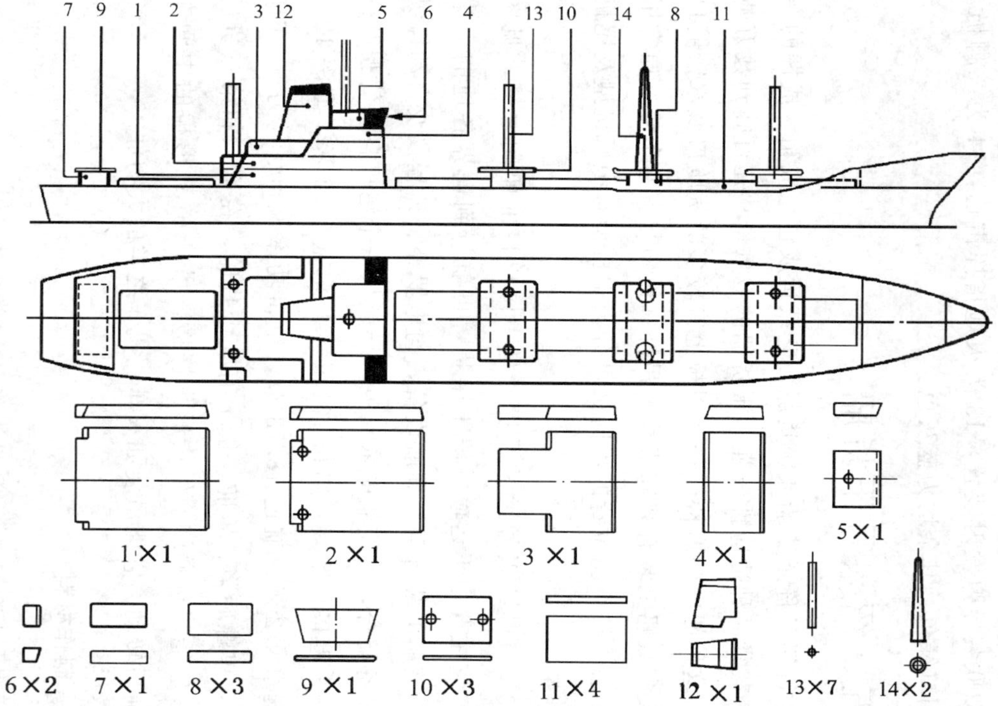
7
9
1
2
3
12
5
6
4
13
10
14
8
11
1×1
2×1
3×1
4×1
5×1
6×2
7×1
8×3
9×1
10×3
11×4
12×1
13×7
14×2

图4-5-1　绍兴号干货轮

舱口盖：1.5毫米厚的桐木片若干。

吊杆：3毫米×3毫米松木棒，20毫米长的7根，25毫米长的2根。

百得胶、砂纸若干。

2. 制作工具

刀、尺等。

3. 制作方法

（1）船身。船身按平面图形先在木板上画好，船头上翘部分另外粘一层25毫米×25毫米×8毫米木板，分别进行加工比较方便，但在黏合后要对接缝处进行整体砂磨使其光滑。

（2）上层建筑。上层建筑由5层不同形状木片层叠而成，每层分别加工，黏结以后，正面（向船头一端）要对齐磨光，两侧面也要对齐磨光，使得看起来是完整的一块，但每层的棱角则要清楚保留。

（3）烟囱。按图用小木块削成，要与上层其他建筑物密合，舱口盖，起吊平台：厚度不一样，但二者在甲板上是连接排列的。

（4）桅、起吊杆。除V形吊杆桅为上细下粗外，其他吊杆上下都一样粗，其平底粘在起吊平台上。

（5）模型涂色。干舷用浅灰色，甲板用草绿色，上层建筑用白色，桅用奶黄色，舱口盖用中灰色，烟囱用橙红色加黑边。

六、27 000吨世沪号散装货船

散装货船是专门用来运输煤炭、矿石、粮食、化肥等其他散装物资的船舶。它比干货船装得多、装卸得快，因而运输成本也较低。散装货船的特点是：上层建筑设在尾部，从而获得较大的货舱容积并有利于装卸货物；机舱设在尾部且能减短主轴的长度，提高推进效率；货舱口一般比干货船宽大；舷边和船底处有较多的压载水舱，用来装卸货物或空载返航时压载。

27 000 吨世沪号散装货船是江南造船厂为香港环球轮船有限公司建造的。船长 197.5 米，型宽 23 米，型深 14.3 米，吃水 10 米，航速 14.5 节，续航力 17 000 海里，船员 35 人。此船是单甲板、单螺旋桨、单舵。主甲板下面两舷与舱口处制成倾斜的压载顶边舱，它可以限制散装货物左右移动，提高船的航行稳定性。船上有 5 个大货舱，配备了 4 台起重能力为 25 吨的甲板起重机。该船主要载运谷物、矿石、煤、钢材等散货。

1. 制作材料

船身：220 毫米×25 毫米×8 毫米木块 1 块。

船头：35 毫米×25 毫米×4 毫米木块 1 块，15 毫米×25 毫米×4 毫米木块 1 块。

船尾：45 毫米×25 毫米×4 毫米木块 1 块。

上层建筑：120 毫米×20 毫米×4 毫米木板按图分割。

舱口盖：25 毫米×13 毫米×4 毫米木片 5 块。

起重机：5 毫米×5 毫米方木条约 120 毫米长，根据图中起重机、起重机平台长度截取。

烟囱：6 毫米×6 毫米×10 毫米木块 1 块。

桅：3 毫米×3 毫米木条约 30 毫米长 1 条，按图截取。

砂纸、百得胶若干。

2. 制作工具

斜口刀、小刀等。

3. 制作方法

（1）船身。先在船身木块上画出中心线，再按模型工作图4-6-1画上船身平面图形，用斜口刀按线条仔细地顺木纹削出船身，船头平台由2块船头木叠粘而成。可先削好船头平台形状，再粘上，等胶牢后再削出船头倾斜形状。船尾平台的做法也一样，等全部粘牢后，再将整体船身砂磨光滑。

（2）上层建筑。按图中1～5尺寸取材，磨光粘牢后，对其端面及侧面也要磨光，要求看上去像一整块木材做成。

（3）舱口盖。平面磨光后，用圆珠笔尖在木片上划格子。

（4）起重机、起重机平台。按图中长度截取，表面要光滑，安装时二者应互相垂直。

（5）烟囱。用斜口刀削出斜度。

（6）桅杆。将3毫米方木条削成一头稍细的圆柱，安装时注意与船甲板和上层建筑垂直。

（7）舷灯。用4毫米方木条切2小块，粘在上层建筑顶层两边，或者与5号板一起制成。

（8）部件名称及涂色参考。图4-6-1中，1～5上层建筑为白；6舷灯为左红右绿色；7舱口盖为浅灰色；8起重机平台；9起重机为奶黄色；10烟囱为橙色；11、12桅为奶黄色。船身干舷为黑色，甲板为浅棕色。

七、30 000吨全集装箱船

集装箱运输是将杂货预先装入一个特制的货箱内，把货箱作为一个单元来进行运输的一种方法。专门装运集装箱的船称之为集装箱船。集装箱船的装卸货物时间比一般干货船装卸货物时间要省得多。

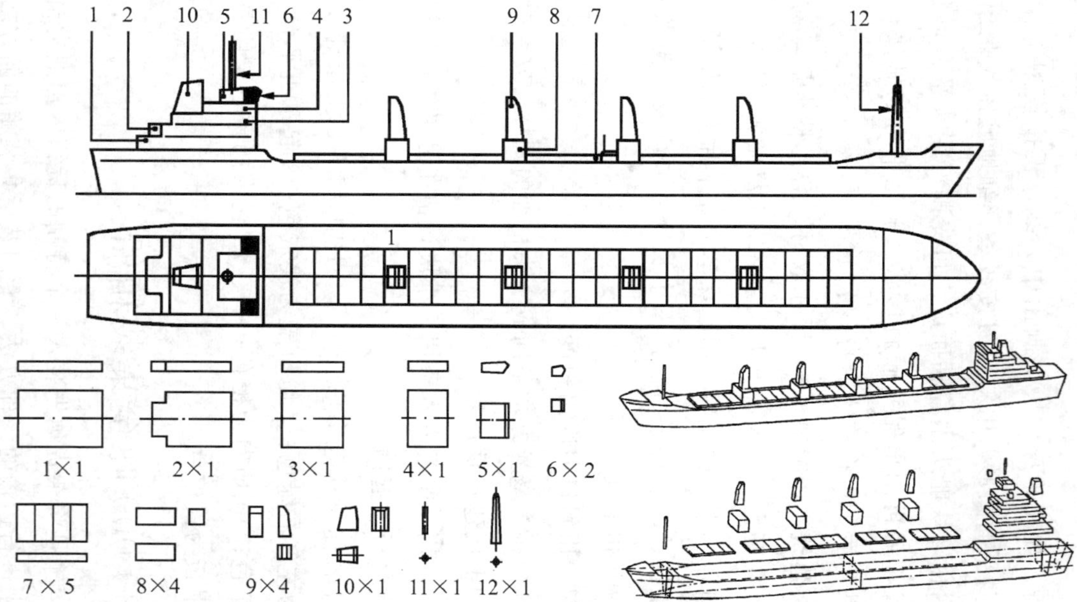

图4-6-1　世沪号散装货轮

现国际标准集装箱，其长度的规格有 10 英尺、20 英尺、30 英尺、35 英尺和 40 英尺，其中 20 英尺集装箱占世界总集装箱一半以上。（1 英尺＝0.305 米）

图 4-7-1 是一艘 30 000 吨全集装箱船，船长 216.3 米，船宽 32.2 米，吃水 11.5 米，航速 22.3 节。集装箱船的特点是航速快，船体形瘦长；机舱布置在偏尾或尾部；货舱口两端及二舷无起货设备；货舱口特别大，约占船宽的 80%；甲板上能放 2～4 层集装箱。

1. 制作材料

船身：260 毫米×40 毫米×10 毫米的松木块 1 块、50 毫米×40 毫米×10 毫米的松木块 1 块（船首甲板）。

上层建筑：3 毫米厚 35 毫米宽的木片（约 150 毫米长）1 片。

集装箱：35 毫米×16 毫米×10 毫米木块 9 块。

舱口盖：厚 1 毫米、宽 40 毫米、长约 200 毫米的木片裁成 10、11、12 所示形状。

烟囱：10 毫米×10 毫米方木条约 16 毫米 1 段。

桅：3 毫米×3 毫米方木条砂削加工。

百得胶、砂纸若干。

2. 制作工具

刀、尺等。

3. 制作方法

这条船模的船身分两部分来做比较便当。船头凸起的一部分与船身分开，先做船身部分。在木块上画好中心线，再根据图纸

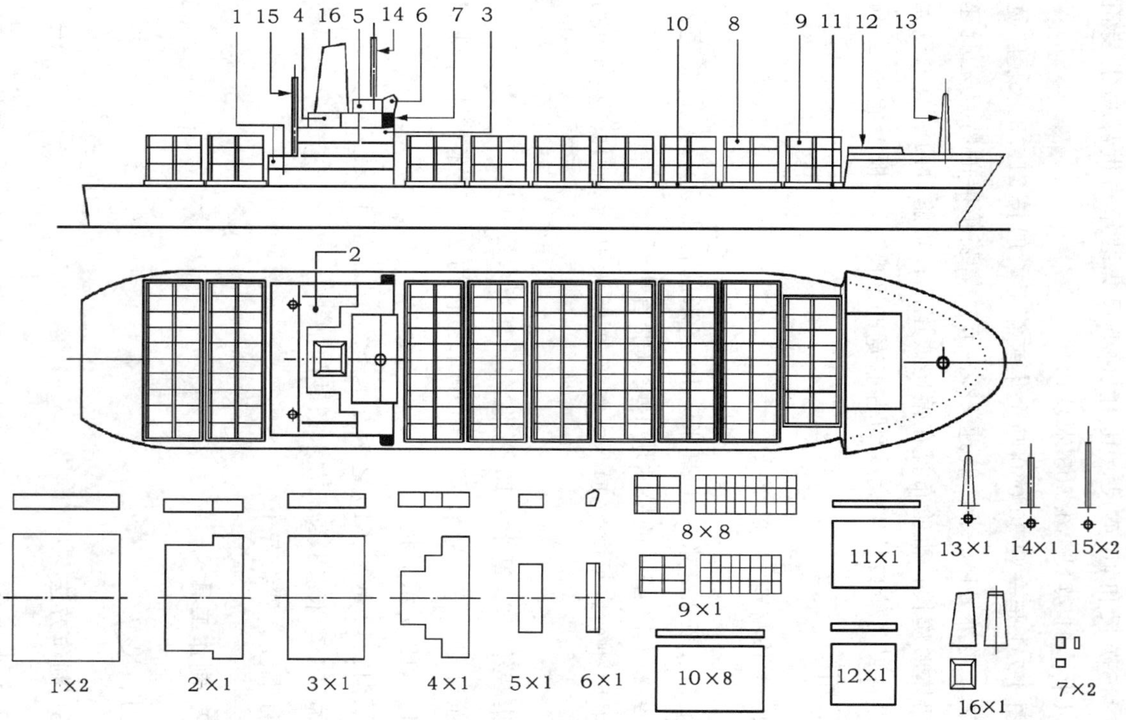

图4-7-1 3万吨集装箱轮

或用样板在木块上画好船身平面图。注意船身的甲板头部是图中的虚线位置。先按甲板图形将船身木块加工削好。再将甲板砂平后粘上船头凸起部分木块，利用中心线检查叠合的位置。等胶牢后再加工船头外形，使船头凸起部分成为整个船首的不可分割的一部分。这个船身的干舷是和甲板垂直的，只有船头和船尾部分稍有一点斜度（参看工作图）。

图 4-7-1 中，各部件名称和涂色参考：1～6 上层建筑为白色；7 舷灯为左红右绿色；8～9 集装箱可用多种颜色，如浅灰、天蓝，中蓝，紫红、土黄、深棕、中灰、草绿等；10～12 舱口盖色浅灰蓝；13～15 桅为白色；16 烟囱为红色；干舷为海蓝色；甲板为浅棕色。

八、22 000 吨滚装船

滚装船是近年迅速发展起来的一种新型船舶。滚装船装卸货物不是用吊杆或起重机，而是用专门车辆来装卸货物的。按装载货物的不同，滚装船还可分为“集装箱滚装船”、“集装箱拖车滚装船”、“车辆专用滚装船”、“客货滚装船”四种类型。

滚装船的特征是干舷较高，水线以上的船体几乎呈一个长方形的箱子，上层建筑通常集中在首部或尾部。首、尾或船舷设有连接码头的“跳板”。跳板是滚装船的关键设备之一。主甲板与各层甲板间由坡道或升降平台连通，这样车辆可通过平台进入各层货舱室装卸货物。

图 4-8-1 是一艘 22 000 吨级的集装箱滚装船的模型图。该船实际船长 207 米，船宽 29.57 米，吃水 9.59 米，航速 22 节。驾驶室和机舱设在尾部，尾部有一副跳板。上层建筑前面设有两组通往各层甲板的坡道，拖集装箱的车由此通往各层甲板进行装卸集装箱：

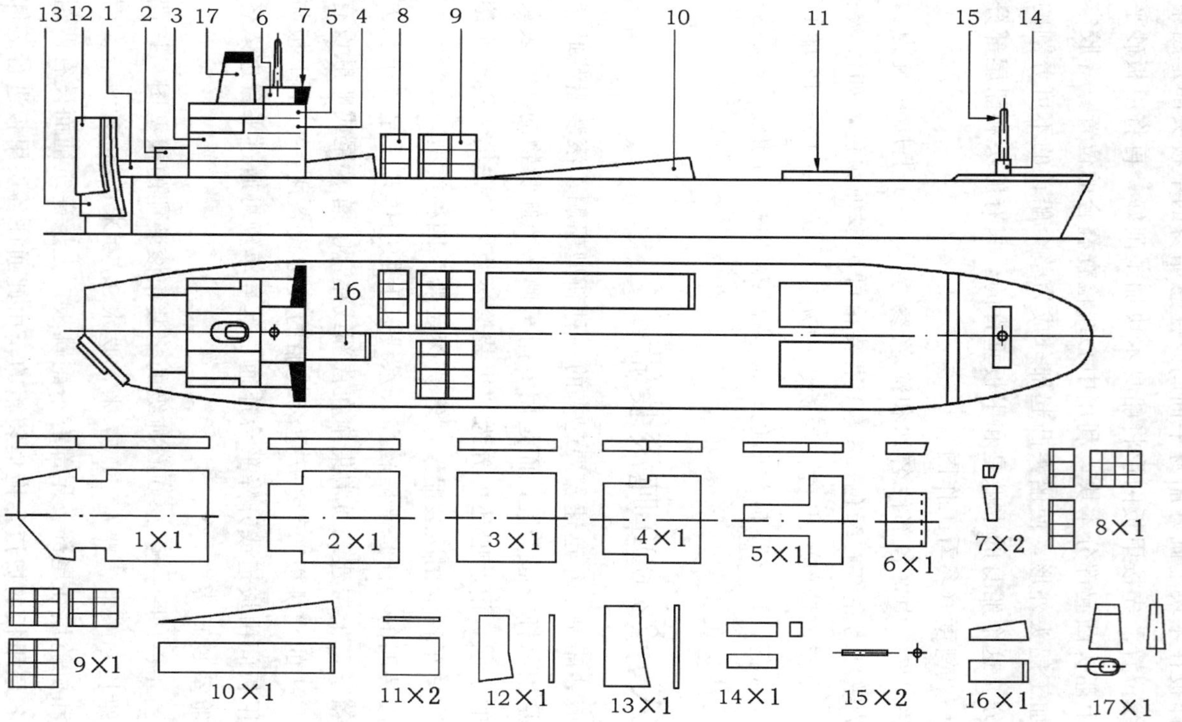

图4-8-1 2.2万吨滚装船

1. **制作材料**

船身：240 毫米×35 毫米×14 毫米木块 1 块。

上层建筑：宽 25 毫米、厚 3 毫米、长约 400 毫米松木板（裁开使用）。

坡道：10 毫米×10 毫米松木条约 80 毫米（多余部分做烟囱）。

集装箱：10 毫米×10 毫米方木条。

跳板及舱口盖：1 毫米厚松木片。

百得胶、砂纸若干。

2. **制作工具**

刀、锯、尺等。

3. **制作方法**

将船身平面图 4-8-2 画到船身木块上，船头加贴一块 3 毫米厚的松木片使船头甲板凸起。这艘船船身比较厚，用斜口刀加工前，先用手工锯把多余的边料锯去，然后再用刀切削加工。每刀切下去不要贪快贪多，应逐步接近标准线条，最后用细砂纸打磨光滑即成。

上层建筑仍旧采用层叠加工。对 1 木板的两个缺口的加工，先用手工锯锯两条细缝，再用尖刀割下缺口木料，对锯缝毛边也要修光。另一种办法则是准备一把平口刀，像凿子一样把缺口凿出来，如果刀刃宽度磨成 8 毫米宽就更方便了，可以用断锯条加工磨成。2 木板的缺口应与 1 木板缺口对准叠齐。

集装箱可以用边宽 10 毫米的方木条制作，并按需要在表面划一些刀痕。若木条不够厚，可用两块叠起来使用。

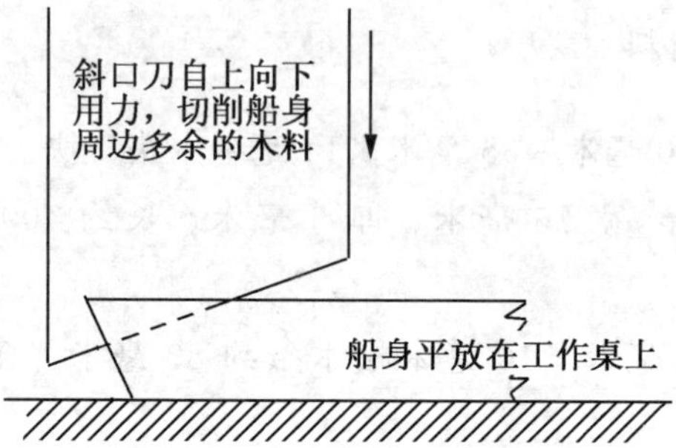

图 4-8-2　加工船身

其他部分按通常方法加工。

各部件名称及涂色参考：1～6 上层建筑为白色；7 舷灯为左红右绿色；8、9 集装箱各种颜色都可；10、16 坡道为蓝色；11 舱口盖为浅灰色；12、13 跳板为浅灰色；14 平台为红色；15 桅为淡黄色；17 烟囱为淡黄色、黑顶；甲板为土黄色；干舷为中绿色。

第五章　橡筋动力船模制作

一、基本制作材料和方法

前面介绍的船模多为无动力的静态模型，这一章起，要开始介绍带动力的船模了。橡筋作为船模动力，既安全、又方便，但要合理地选择、使用和保养橡筋，才能更好地发挥橡筋的动力作用，保证船模的航行性能。

1. 橡筋的选择

目前市场上用于船航模的橡筋，常见的规格，截面有 1 毫米 ×1 毫米和 1 毫米 ×2 毫米的，颜色有黑、浅白等色，也有国产与进口橡筋之分。我们用在简易船模上的橡筋，不必追求十分高档的（价格太贵了），只要在购买时仔细察看橡筋有否老化现象（弹性僵硬、拉不长、拉长后回缩不到原来长度）。一般拉伸 3～5 倍长度后，能回复到原位的就可以了，那种可以拉伸 9～10 倍的橡筋，是各级专业运动员使用的，价格很贵也不易买到，我们一般选择 1 毫米 ×2 毫米的橡筋，扭矩爆发力较大一些，而使用同等质量的 1 毫米 ×1 毫米的橡筋，它释放全部弹力的时间较长，适宜船模在较长距离上航行。

2. 橡筋的使用

橡筋买回来后，根据需要的长度剪下一根，有的比赛规定不得超过 2 克橡筋，那么就要试称一下，免得剪少了不能再接，多了再剪去浪费。我们按规定质量剪下几根备用。

（1）第一步要清洗橡筋，用中性的洗涤剂或普通香皂将剪好的橡筋洗干净，阴干，不能在阳光下晒干。

（2）将剪好的橡筋的两端捏在一起打个结，拉紧。

（3）有蓖麻油的，可以给橡筋涂上一层，防止橡筋绞在一起松不开。在手掌上滴几滴油，将橡筋合在两手中间搓几下就行。

（4）将橡筋拉伸 2～3 倍，放松；再拉、再松几次，或者对橡筋用绕车试绕若干圈、放松，再绕、再松几次，每次拉伸和绕的量要逐步增加，例如第一次绕 50 圈，第二次绕 70～80 圈，第三次绕 100 圈……到某一次橡筋绷断了，记下这时是几圈，以后在使用时，橡筋绕到这个数的 90％左右就不要再绕了，以免比赛时换橡筋。正式比赛要使用的橡筋，一定要经过拉伸和试绕程序。

（5）绕橡筋要先拉伸 1～2 倍长，绕到 70％～80％时，逐步边缩短、边绕圈，直至绕好。例如预定要绕 200 圈，先拉长 1～2 倍绕 150 圈，绕后面 50 圈的时候慢慢缩回，到 200 圈时再挂上钩子。

（6）橡筋刚松手时，弹力最强，容易引起模型航向偏移，可以释放掉几圈再使用。

3. 橡筋不用时的保管

上过油的橡筋容易沾灰尘，所以备用橡筋要包好装在塑料袋内。整束的橡筋，一时用不上，要扎紧袋口，挤去袋内空气，放入铁罐内密封，因为橡筋暴露在空气中或受热受潮都会老化变质。

4. 橡筋条边缘不光滑

有小裂口等在绕紧时容易崩断，正式比赛前要仔细检查。

二、明轮船

过去有一种船在船舷两边安装两个带有桨叶的大轮子，当大轮子转动时，浸在水中的桨叶不断地像划桨一样把水划向后方，推动船前进。这两个轮子特别显眼，所以称为“明轮船”，见图5-2-1。

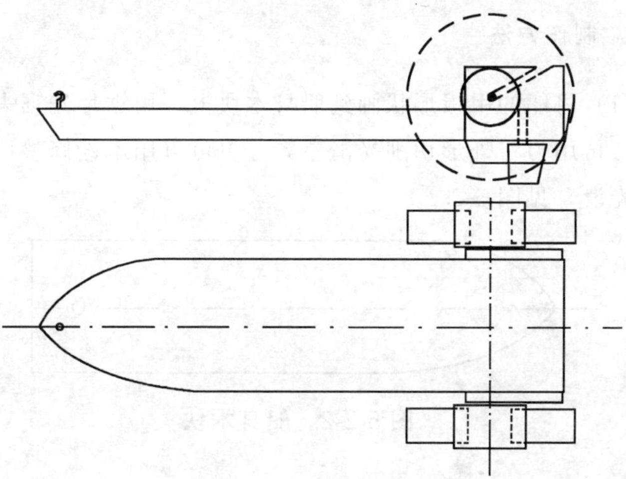

图 5-2-1　明轮船

1. 制作材料

船身：35 毫米×140 毫米×8 毫米松木 1 块。

明轮：ϕ18 毫米的木轮 2 个，圆心打一个直径 2 毫米小孔。

轮叶：塑料片剪成 9 毫米×16 毫米矩形共 8 片。

明轮轴：2 毫米粗、65 毫米长的自行车钢丝 1 根。

明轮轴架（包括稳向板）：25 毫米×25 毫米三夹板 2 块，仔细用手工锯锯出宽 2 毫米的斜槽。

橡筋：1 毫米×2 毫米橡筋 1 根，长约 200 毫米。

另外，还要用到百得胶、硝基清漆，以及 1 根小铁钉和一小块做舵用的易拉罐铝片（约 10 毫米×20 毫米）、几根大头针。

2. 制作工具

手工锯、木锉、小刀、锤、漆刷、钢皮尺等。

3. 制作方法

（1）将船的甲板形状画到船身木块上，用锯片先锯去太多的边料，再用刀将外形切削光滑整齐。也可以用木锉修整后再用砂纸砂光滑，见图 5-2-2。

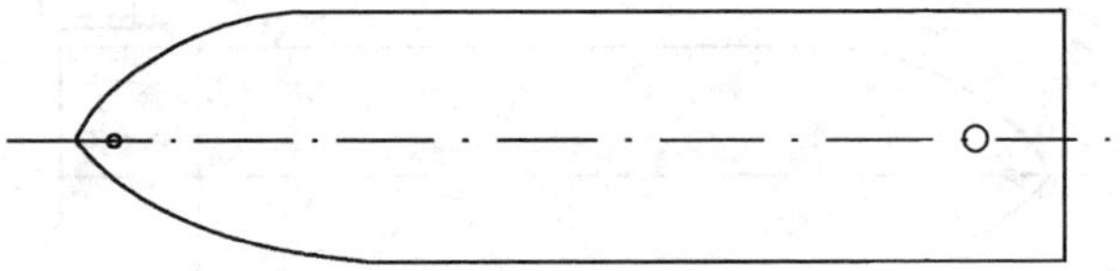

图 5-2-2　船身木块

（2）在船尾中间规定的地方钻一个直径 2 毫米的舵轴孔，如有现成的塑料船舵，可根据舵柄的粗细来钻孔，要正好能插得进但又不太松动。

（3）船首正中钉一根小钉，露出 1/3 用来固定橡筋。

（4）将稳向板（明轮轴架）画在三夹板上，然后将其锯下，开槽。左右 2 块要对称，斜槽底部用木砂纸卷成细棍状（或用细圆锉加工）砂磨光滑。

（5）将稳向板涂上百得胶，按图 5-2-3 所示位置粘在船身后部两侧，并用小钉（大头针剪短一半）钉牢，同样要注意保持左右位置的对称。

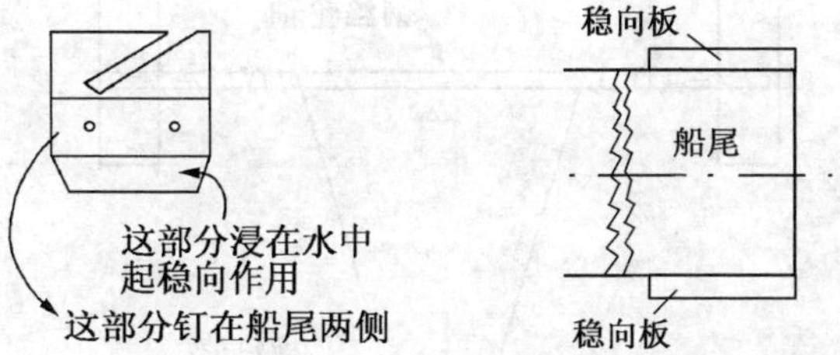

图 5-2-3　稳向板

(6) 将木轮锯出相互垂直的细槽 4 条，插入剪成 9 毫米×16 毫米的矩形塑料薄片，用胶粘牢，见图 5-2-4。

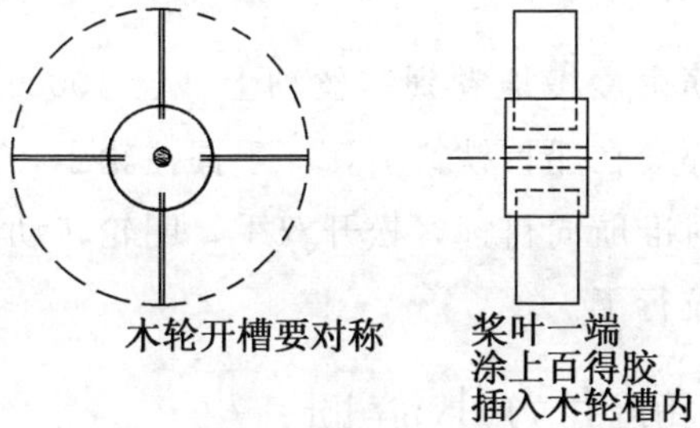

图 5-2-4　木轮

(7) 将自行车钢丝穿过木轮中心轴孔，使两边叶片方向一致，钢丝与木轮间不要松动。

(8) 给模型所有外露部分涂抹上清漆，使之既防水又美观耐用。

(9) 将橡筋两端扎紧在钢丝轮轴上，橡筋的中部用细线扎成小环，套在船首小铁钉上，见图 5-2-5。

(10) 将舵插入舵孔，通过舵的方向位置来调整船的航向。

制作完成后可以进行试航：先将橡筋束适当拉长 1～2 倍，

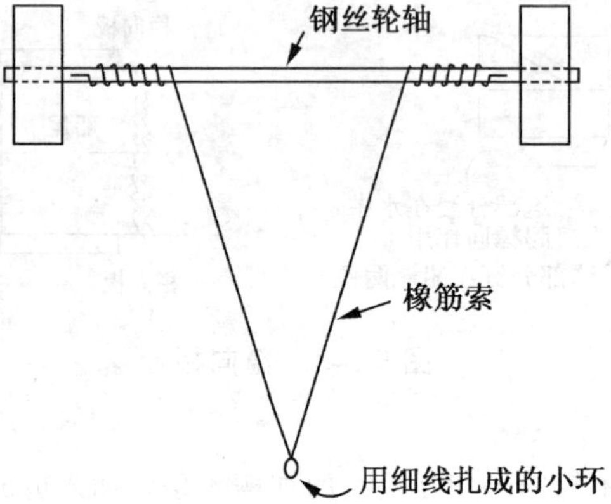

图 5-2-5　上橡筋

转动叶轮使橡筋束慢慢地卷到钢丝轴上，卷 100～150 圈，再将橡筋束中部小环套在船首铁钉上，一手握住轮子，另一手拿住模型放入水池，对准航向目标，松开双手，明轮转动，叶片向后划水，船就向前航行了。

三、橡筋动力小游艇

这里介绍一艘取材方便、制作难度不大又能在水中航行，还能用舵来改变方向的橡筋动力游艇，见图 5-3-1。

1. 制作材料

船身：150 毫米×40 毫米×8 毫米的木块 1 块。

上层建筑：80 毫米×30 毫米×20 毫米泡沫塑料或卡纸。

螺旋桨、桨轴架：易拉罐薄铝皮。

舵：易拉罐薄铝皮。

橡筋：普通橡筋圈 3 根。

橡筋钩：0.4 毫米细钢丝一小段。

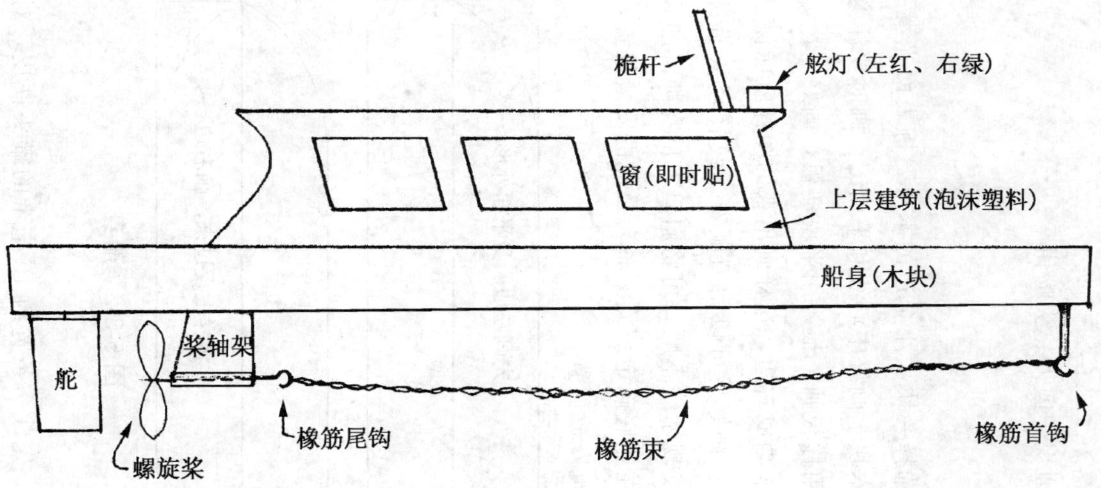

图5–3–1 橡筋动力小游艇

2. 制作工具

小刀、尺、圆规、剪刀、尖嘴钳等。

3. 制作方法

（1）船身。选择一块大小合适的木块，拣表面光滑一点的，按模型工作图在木块上画好中心线和平面图。画时要注意船体两边要对称。如果用样板画，最好用半块样板，画好左边，再沿中心线把样板反过来画成右边，这样画出来的图样就能保证左右对称了，见图 5-3-2。画好后可以用刀顺着木纹轻轻从船身向船头或船尾削，如果发现木纹不顺，可将斜口刀反身削。削好后再将它砂磨光滑，并在船底确定螺旋桨轴套及舵的安装位置，在甲板一面确定上层建筑安放位置。

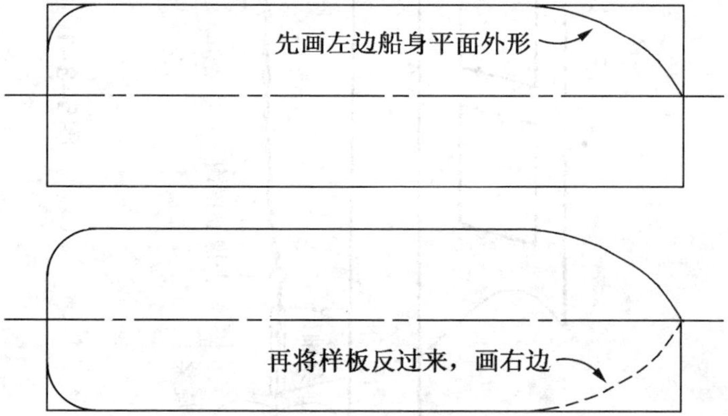

图 5-3-2　船身

（2）桨轴架。先裁一条宽约 10 毫米的罐头铁皮，对半折起时夹一根 0.4 毫米钢丝（或回形针铁丝）。在距钢丝 10～15 毫米处将铁皮向两边分开，与重叠的铁皮成垂直平面，翻开的长度每边各 10 毫米，把多余的剪去。两端铁皮用百得胶胶在船底，再用小钉钉牢，注意轴套中心线与船身中心线一致，见图 5-3-3。

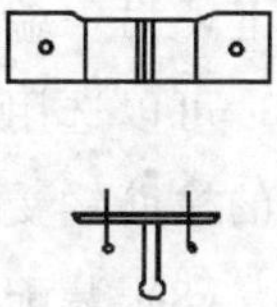
图 5-3-3　桨轴架

（3）舵。舵用铝皮来做，其上半部分成左右两半，粘在船底固定。舵的后缘靠近船底处剪开 3 毫米一条缝，用来控制船的航行方向。注意整个舵的任何部分不能超过船尾而露出，也不要与螺旋桨相碰，见图 5-3-4。

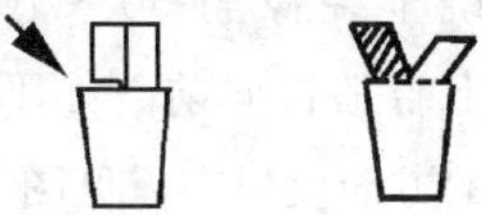

图 5-3-4　舵

（4）螺旋桨。桨叶可以是 2 叶或 3 叶，但要求每片桨叶的大小与形状相同。在桨叶的中心对称处打洞，焊一根桨轴。各桨叶扭转相同的角度，扭好后用手指捻转桨轴，检查有否严重不对称的地方。校正后，将轴插入轴架，检查是否碰船底，再用尖嘴钳弯橡筋钩，见图 5-3-5。

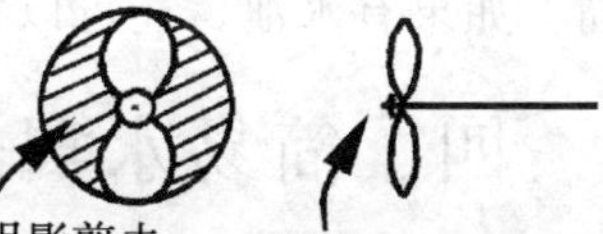

图 5-3-5　螺旋桨

（5）上层建筑。用泡沫塑料块来制作时，注意切削时要像拉锯一样前后移动刀身，否则很难削出光滑的平面。窗户可以用彩色黏纸（银色或蓝色闪光的“即时贴”）剪好后贴上，如果用卡纸或木片做上层建筑，要在转角接缝处的内层，另外衬一层卡纸或加一条细木条进行加固。在顶部左右两角，要做 2 个舷灯，左面涂红色，右面涂绿色，见图 5-3-1。

（6）桅杆。用一段 3 毫米×3 毫米的细桐木条削成。粘在驾驶舱顶部，略呈倾斜，与图中驾驶舱的窗户倾斜度相同。

（7）橡筋及橡筋钩。将 3 根橡筋圈串接起来，一端挂在橡筋钩上，另一端挂在船头的钩子上，如果有1毫米×2毫米的橡筋，可以选用比船头到船尾距离稍长的双股橡筋束做动力源。船头的橡筋钩受力后容易变形，可用螺钉代替。

(8) 装配及试航。零件全部制成后，可以按工作图5-3-2装配。泡沫塑料的上层建筑与木板船身的连接，可以用双面胶粘贴。挂上橡筋后，橡筋束稍呈下垂状态，用手摇钻或简易自制绕车绕橡筋50～100圈，试一下船是否向前。如不对，则将绕的方向反过来，见图5-3-6。

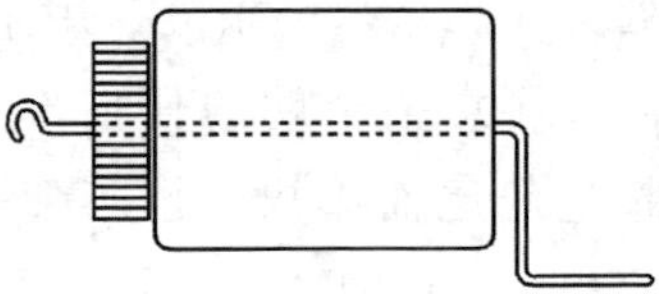

图5-3-6 用塑料瓶自制绕橡筋器

当小船在水中航行时，可以使用舵来改变它的航向。用手指轻轻弯折舵后部，使这部分舵向左或向右，船就会相应改变航向。如果有水池，还可以举行一次有趣的比赛。

四、简易水翼艇

飞机之所以能在空中飞行，主要是它有一对能产生向上升力的机翼。普通船舶在水中航行，船体浸在水中的部分与水产生摩擦阻力，这种阻力与船速的增长呈平方的关系。因此，当船速达到某一数值后，再想提高船速就很困难了。所以有人就想到能否在水下部分也装上一对“船翼”，当船舶航行时，水下的“船翼”也产生一个升力，把船体抬出水面，以减小水中的阻力，使船速大大提高。这样的船叫水翼艇。

我们这里介绍的简易水翼艇模型，简化了船身，2个大水翼在水中受到一个向上的浮力，保证了简易水翼艇能在水面航行。向左右后掠的水翼，既能抗拒螺旋桨旋转时产生的滚动扭矩，使艇平稳，其形状又像飞机的机翼，使人一看就会喜爱和牢牢记住。

1. 制作材料

艇身：竹筷 1 根或 4 毫米×5 毫米×200 毫米木条 1 根。

水翼：4 毫米×55 毫米×100 毫米桐木片。

机头及螺旋桨：市上有售，或用铁皮自制；也可用小直升机模型的机头。

舵：用薄铁片或铝片一小块插在船头充当，见图 5-4-1。

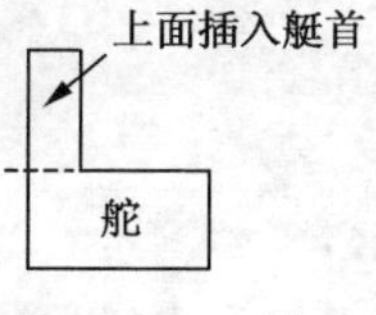

图 5-4-1 舵

橡筋钩：0.4 毫米钢丝一小段。

橡筋：1 毫米×2 毫米橡筋 1 根，长约 450 毫米，对折打结。

百得胶、砂纸若干。

2. 制作工具

刀、尺、尖嘴钳、针锥。

3. 制作方法

（1）将竹筷稍加修整后在相应位置钻一小孔，插入钢丝橡筋钩。再将头部劈一道缝，插入铝片（易拉罐铝片）用细棉线缚几道后用胶胶牢，套上塑料机头（利用现成的小直升机机头，不过在这里是装在艇身后部，用来安装船用螺旋桨）螺旋桨先装好钢丝轴橡筋钩。

（2）选一块 4 毫米×55 毫米×100 毫米的桐木片，画上中心线和整个水翼外形，用小刀仔细地切割下来，注意木片的纹路，用刀轻轻地划，多割几下，割下来的木片边缘就很光滑了。割下来的边角料正好做前面 2 个小水翼。水翼的前缘要加工得光滑一些。后水翼胶在艇身上部，对准中心线。前部的小水翼则粘在艇身头部两边，见图 5-4-2、图 5-4-3。

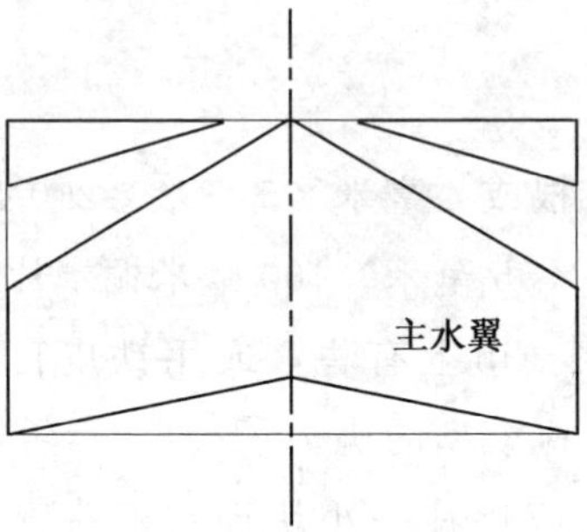

图 5-4-2　水翼

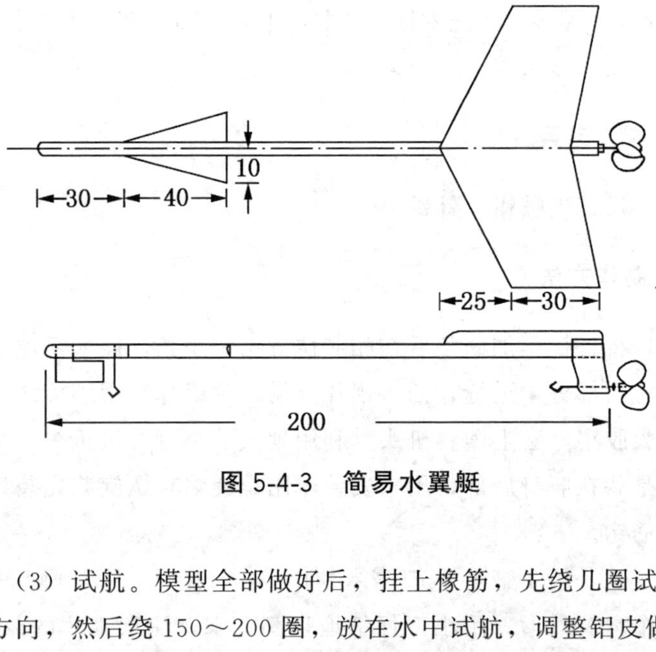

图 5-4-3　简易水翼艇

（3）试航。模型全部做好后，挂上橡筋，先绕几圈试一下正反方向，然后绕 150～200 圈，放在水中试航，调整铝皮做的舵，使航向正直。接着再多绕几圈橡筋，看看是否可以航行得更远些。螺旋桨转速太快了会造成橡筋动力一下子释放完，反而会在中途“抛锚”不动了。试试改变一下橡筋长度或绕圈数，或者使自制的螺旋桨的扭角大一点，看看会有什么结果。另外，当你在航行时，想一想下面几个问题：

① 舵，一般装在船后，现在移到船头去了，效果会一样吗？

② 如果想把舵装到后面去，有什么办法？

③ 如果把舵装到 2 片水翼下面去，可以吗？怎么装？

④ 装到水翼艇上面来，像飞机的垂直尾翼一样，行吗？

⑤ 在水翼下面再粘一层泡沫塑料，使整个艇身离开水面，行吗？

如果你能带着类似的问题去动手实验一下，你会获得更多的知识与经验，也许会制作出更好的模型来。

第六章　吸塑船模制作

橡筋动力的船模，虽然制作工艺比较简单，材料不多，但是每次航行距离太短，每次绕橡筋时还得请助手。麻烦也不少。下面，我们学做用电池和电动机做动力的小游艇。为了便于学习，我们先从吸塑船模入手。

一、电动吸塑小游艇

1. 制作材料

翔鹰号吸塑游艇套材 1 套（吸塑套材中有吸塑成型的船身、1 块甲板连上层建筑、电动机、轴、轴套、螺旋桨、舵、电池盒、开关和电线等配套零件）。

百得胶、玻璃胶带、海绵双面胶、焊锡、泡沫塑料若干。

2. 制作工具

剪刀、小刀、锥子、电烙铁。

3. 制作方法

(1) 轴套定位。如图 6-1-1 所示，用电动机带动螺旋桨与橡筋动力不一样，前者桨在船底水下转，其电动机不能浸水，必须装在船舱内。这时轴和轴套要穿过船底中央，而且不能渗水。因此，我们让轴在轴套（圆珠笔心空管）中旋转，而把轴套穿过船底，它与船底间的孔隙用百得胶胶牢。这样，就既防水又不影响桨轴转动了，见图 6-1-2。

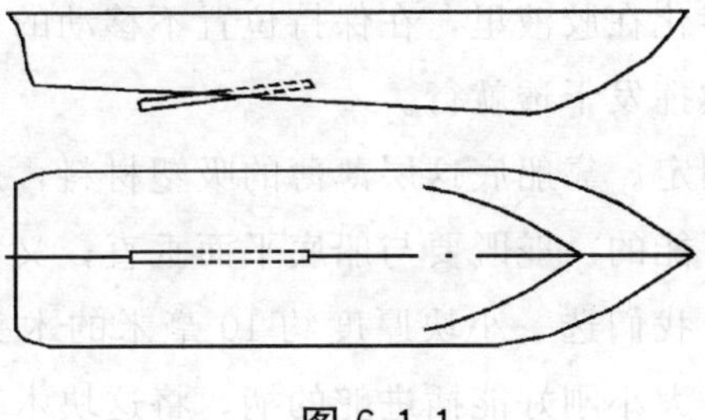

图 6-1-1

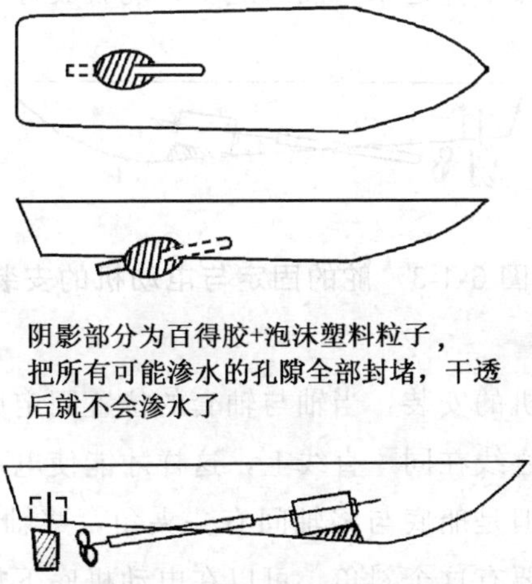

图 6-1-2　电动吸塑小游艇

具体做法是在船底适当地方的中心线位置上，用针锥和小刀开条细缝，将轴套穿出船底外，保持一定的倾斜度（不让桨叶转动时擦到船底），并对准中心线位置。若它不对准中心线，船就无法保持航向正直。用一段玻璃胶带固定轴套的位置，然后用百得胶（稍多一点）浇注在船底开缝处与轴套管的外面，把船底可能渗水的孔隙全部封堵。为了增加百得胶的稠度，使它更快更牢地凝固，可以将撕成小颗粒状的泡沫塑料撒在百得胶液上，泡沫塑料粒子很快溶化在胶液里，在保持位置不移动的条件下，静置一两天，让胶质挥发干透就行。

（2）舵的固定。靠船底这层薄薄的吸塑材料，想要牢固地固定舵柄，是不可能的。舵既要与船底平面垂直，又要通过转动来调整船的航向，我们选一小块厚度约 10 毫米的木头，在中间打个孔，孔的直径大小刚好能插进舵的柄，将这块木头粘在船底后部应该装舵的位置上。等胶水干透后，通过舵木小孔向船底钻孔，舵柄从船底下伸进来，插入舵木，舵就装好了，见图 6-1-3。

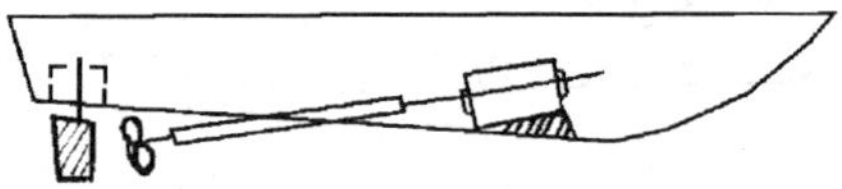

图 6-1-3　舵的固定与电动机的安装

（3）电动机的安装：当轴与轴套的位置固定后，电动机的轴应与桨轴的中心线在同一直线上，这样才能使电动机的传动力得到最大发挥。但是船底与桨轴间有一夹角，桨轴是斜伸入水的，所以电动机也要有这个斜角，可以在电动机底下垫一块海绵双面胶，使电动机轴与桨轴在同一直线上，两根轴端相隔 2～3 毫米，以后用小橡皮管连接起来才能最大限度地将动力传到桨上去。

如果一层海绵双面胶不够，可用泡沫塑料块削一个斜台垫在电动机下面，胶牢，见图 6-1-3。

（4）电源的安装与电路焊接。电源用 2 节 5# 电池串联，普通的电池盒就是串联设计的。普通的小开关有 3 个连接脚，将电线与开关上 2 个接脚焊接好，开关中间的一脚一定要接。具体接法如图 6-1-4。如发现螺旋桨倒转，把电源极性对调一下即可。

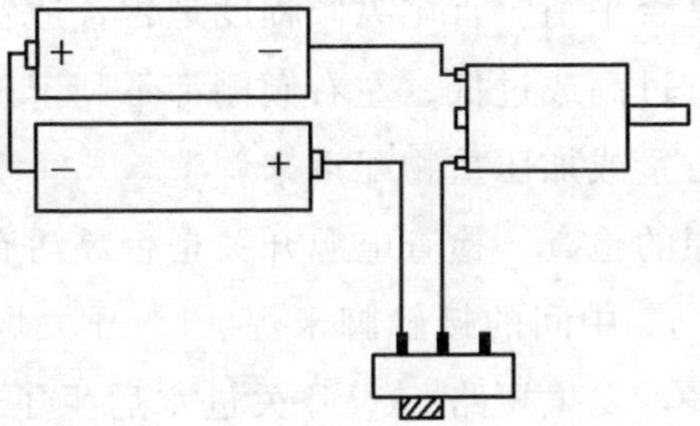

图 6-1-4　电路

（5）甲板与上层建筑的制作。大部分市上出售的吸塑模型套材，它的上层建筑与甲板在同一模子里连在一起吸好，加工很简单。但是如果把甲板与船体黏合起来，要求能够平整服帖，没有扭曲、翘裂，就得注意方法。正确的方法是：在合拢前，先在两边涂好胶，从船头正中一点黏合，再对准船尾正中一点黏合，然后轻轻地合拢两边，边黏合边检查有否麻花形绞扭现象，都合格后，再加压粘牢。若船出现扭曲，将影响顺利航行，严重的最好拆开重胶。可以在接缝处滴一些香蕉水，百得胶就溶开了。重胶前要把旧胶揩干净，待干透后再涂胶。

然后检查一下套材中（零件板）有无舷灯、桅灯、带缆桩、救生圈等零部件，把它们剪下来，一一按对应位置胶上。如果没有，就自己制作后补上。

带缆桩是船停靠码头时用的，有多种样式，大多设在船头、船尾及两舷侧。

4. 调整试航

各部分安装完毕后，还要进行水上航行试验。

（1）漂泊稳定性试验。将电池装好，小船轻轻放入水池，检查：小艇左右是否平衡？首尾纵倾程度是否合适？是否与图纸中的吃水线一致？过高或过低、左右倾侧都不利于正常航行，可通过调整电池盒位置或加压重物配重来调整。

（2）航行中的检查。检查电源开关是否灵活有效。开关部分常见的故障有：a. 中间的接触脚未焊。b. 开关焊接时焊锡太多或接线裸露太多，发生短路。c. 开关进水后生了锈，拨不动了。这时可加点油，擦去锈。

如电动机开动后，出现船倒退现象，则把电源正负接线对换一下即可。

如桨叶转速不快或电动机转而桨叶不转，可进行如下检查：a. 小橡皮管两端是否与电动机端盖或轴套管相碰而产生了摩擦阻力？b. 电动机轴与桨轴是否对准？c. 桨叶是否与船底相碰？d. 小橡皮管是否遇油打滑？e. 电池是否还有电？

最后调整舵的方向，直到向前直航为止。

5. 放航手法

双手扶船身两边（靠近船尾一点），开电动机，让船在水中开动，这时可以检查水是否向后排？船是否已对准前方目标，听到起航口令后，稍稍松开一条“缝”，让船在两手掌扶持中“滑”出去。船离手后，才能收回双手。

船在离手后，还要注意它的航向变化，作为下一次调舵的参考资料。

二、自制模压小舢舨

在一艘中型以上的客轮上，你一定会发现在船的两侧高处，都会有一定数量的救生设备，有的是气胀式救生筏，有的是救生艇。当海上发生险情时，放下救生艇，能搭乘许多人脱离险境。

我们在制作船模时，要做出十几艘同一规格的小艇，靠用刀来削，不仅费时费力，而且不易做好。这里介绍一种简单方便的模压法，除了削一艘船体作模子外，还用废旧写字垫板做原料，2～3 分钟内就可加工成型一艘，真是又快又好，而且大小规格一样。用这种模压成型的船体，配上不同的上层建筑，又可制作出各种不同型号的小船模（简单的上层建筑也可以模压出来）。花上几天的业余时间，也许可以建立一支庞大的“船队”呢！

1. 制作材料

船体阳模：50 毫米×20 毫米×10 毫米的松木 1 块，70 毫米×110 毫米的五夹板 1 块。

船体阴模：70 毫米×110 毫米五夹板 1 块。

砂纸、塑料垫板、赛璐珞薄片或 0.5 毫米厚的有机玻璃若干。

2. 制作工具

钻头、木锉、有铁皮罩的工作台灯。

3. 制作方法

（1）阳模制作。与一般削实体船模相同，将松木削成船体阳模，左右两边及弧度一定要对称、光滑，并用样板仔细检查对照。做好后在阳模外表涂刷一层“蜡克”，使之更光滑且免受空气中潮气的影响，见图 6-2-1。

（2）阴模制作。按做好的阳模在五夹板上画出轮廓线。因为阴模和阳模之间要容纳一层被压的塑料板，厚度一般为 0.5 毫米，所以阴模内周要比阳模外周宽松一点，要留 0.4 毫米的空隙，如图 6-2-2 所示。加工时就照铅笔画的轮廓线钻孔，然后用刀削、用木锉锉都可以，但要经常在加工过程中用阳模对照，不能有的地方缝隙过宽，有的地方过窄。过宽的地方压出来的船身要起皱纹；过窄的地方，模型卡住了压不下去，当然也不行。用刀或木锉加工出来的阴模毛坯，还要用细砂纸包在什锦锉外面仔细地砂光滑。阴模也用“蜡克”涂刷一遍。再替阳模做一块底板，用螺钉把阳模固定其上。这块底板与阴模一样大小，以便于在加工模压时上下对准。

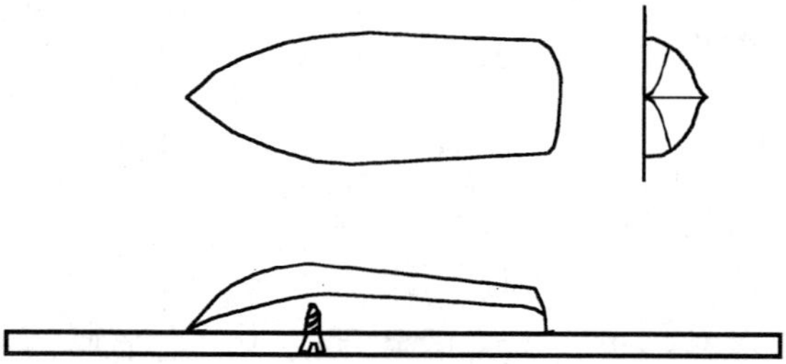

图 6-2-1　阳模

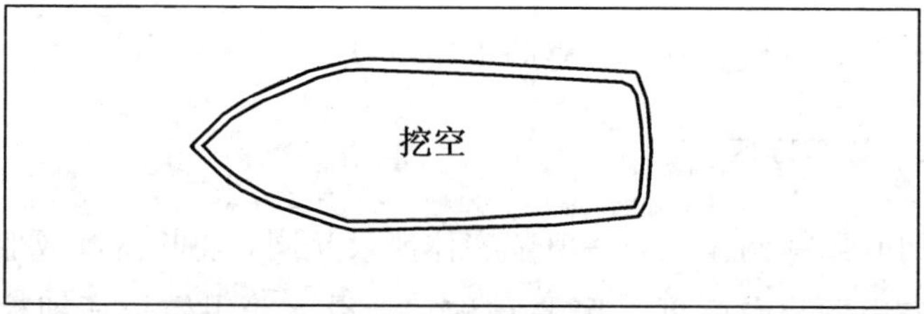

图 6-2-2　阴模

（3）模型压制过程。阳模放在工作台上，同时将塑料片置于100 瓦的台灯铁皮罩上加温，注意要经常移动塑料片，使之全部均匀受热。到手感柔软时，将其迅速取下并安放到阳模上。随即将阴模套上，在阴模四周夹板上均匀加压揿下去，塑料片就会向上凸出成为一条小船。等稍冷几秒钟后，移去阴模，检查一下塑船的光滑程度。满意的话，则剪去多余的毛边，一条小船就制作好了。如果这次压得不够好，可以再加热后重压，直到满意为止。

用这种类似吸塑法制作模压小船，又快又方便，而且费用极省。这种热塑模压方法，在今后制作舷灯（用红、绿色塑料垫板来加工）、雷达的碗形天线、烟囱等外形虽不复杂，但用木料批量加工有困难的零件，都可以试一下。小船的上层建筑和甲板，也可以同样方法来尝试一下。

（4）制作小游艇的甲板。选用与船体不同颜色的塑料板，剪一块比船体平面每边宽 2 毫米的作为甲板，中间用刀划开 4 块，但都不划断，再按图中虚线所示弯折成三排座椅和一块挡风板。再配上一层同样用塑料板制成的船舱地板，黏合起来，便是一艘漂亮的小游艇了，见图 6-2-3。你还可以把上层建筑设计成商船、客轮、或小小的鱼雷艇……试试吧！

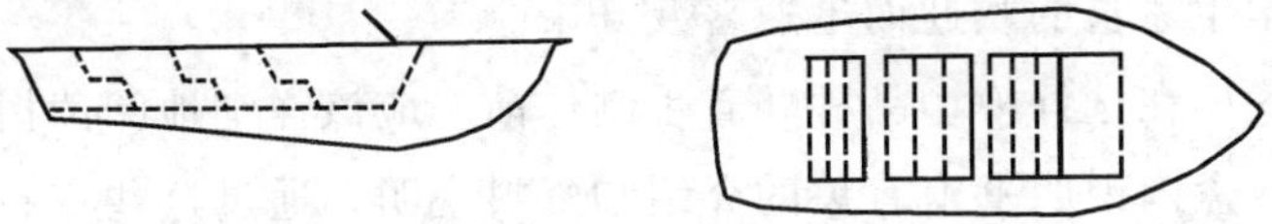

图 6-2-3　甲板

第七章 拼装船模制作

一、概述

在 20 世纪 80 年代前，想做一艘像样的船模，那就得花上很多精力和时间，去找资料、画图纸、准备材料、工具，然后精心地加工成型。所以，船模制作难度很大，不容易广泛开展。到了 20 世纪 90 年代初，市场上出现了拼装船模这一种既逼真又制作方便的套装材料。模型是用模子注塑成型的，许多精巧的零部件、船身和上层建筑、武器装备、桅杆和天线等都是注压在几块零件板上。只要按照加工的图纸，对照零件编号，把一个个零件从零件板上切割下来，去掉毛刺，用胶水粘到相应的部位，模型制作便基本完成了。因此，拼装模型深受广大中小学学生、老师以及学生家长的欢迎而迅速普及开来。

我们在选好模型品种并着手制作前，应该详细地阅读模型包装盒或盒内说明书上有关的介绍和资料说明，通过这些资料，可以了解该船模的原船历史、诞生过程和贡献，也可以通过模型说明了解各种先进的武器装备发展情况，增长知识。

拼装模型的船型很多，但其制作方法都类似，在这里将一般制作中应注意的几点和某些特殊的加工方法进行介绍。

1. 工具准备

小刀或小剪刀：用来把各种零件从材料板上剪下，但要注意切口应尽量光滑，不留毛边或毛刺；

镊子、尖嘴钳：小零件装配时应用；

锤子：装配螺旋桨时应用；

水砂纸：400#～800#，打磨零件及船体表面用；

电烙铁：20 瓦内热式，焊接电路用；

酒精灯：加热塑料，将塑料拉丝做栏杆、天线时用；

有盖空纸盒：盛放已组合的半成品零部件用。

另外还需涂漆用的笔，有条件的可用喷枪等工具。

2. 用水洗除油污

船模套材在注塑脱模后，常会粘上脱模时用的机油，这层肉眼一下子看不清的油膜，会影响到以后漆的牢度。所以，在动手做以前，最好先去除这层油污，特别是准备上漆做外观模型的船，一定要清洗干净。

洗的方法很简单：用大一点的盆，放半盆清水，倒入一勺洗洁精或皂液，将材料板浸没于水中，静置 2 小时，取出后在清水中漂清，沥干即可。

3. 制作方法

（1）首先要学会看懂图纸，图纸乍看上去很复杂，密密麻麻的，其实并不难懂。一般拼装模型的图纸都有全船的示意图和各部分的详细组装图。它是按照制作工艺步骤一部分一部分地排列的。例如中山舰安装图的排列是：电动部分的安装、构件物的组装、甲板的组装、船体的组装、栏杆及桅杆的组装等，只要按照图示方法，仔细一点，是不难装好的。图纸上每个零件都有编号，根据编号可以在零件板上找到。有的部分（例如烟囱）由 2～3 部分拼起来的，就要同时找到，分清左右，进行拼装。

（2）在正式组合涂胶前，最好进行一次“假组合”动作。在两边零件的接缝处，常会发现一些小小的凸起或凹洞，这是厂方为了方便消费者而专门设计的“定位钮”。通过定位钮，可以方便地将零件组合在指定的位置，但也有些定位钮设计发生偏移，不仔细检查就黏合起来，就会发生较大的误差。所以要在每次组合前，先将两边零件拼在一起看看有没有误差。如有位置偏差，只要将定位钮削掉，重新对准位置黏合。浇注那些零件多出来的毛边、毛刺，在“假组合”时也可以找出来处理掉。

（3）涂胶。一般模型配套有一支像小牙膏一样的胶水。用这种胶水时，用量不宜过多过少，涂多了要溢出来，造成表面污染，太少了容易干，也不能达到粘牢的程度；胶水也要较稠些为好。零件的两边都要涂胶，涂完胶，对准位置，轻轻揿合一会儿。有种模型胶水是瓶装的，它们大都是溶剂型的模型胶水。其主要成分为可溶解 P. S. 塑料的溶剂加入透明树脂而成，如英国的“HUMBROL”牌和日本田宫的胶水。这种胶水的瓶盖上附有一个小刷子，沾了胶水后可以方便地将零件两边都均匀地涂抹上适量胶水。黏合时，胶水中的溶剂会溶解塑料，使塑料产生附着力。正是这种两边溶解的塑料之间的黏合力量，使两边零件形成一个整体，非常牢固。

如果用氯仿来黏结，虽然它能溶解塑料，粘得也很牢，但它是一种极易挥发的液体，不适用涂抹的方法。使用的时候，可以将要胶的2个零件凑好位置，从接缝处滴入氯仿，它会自动渗入接合处。只需每间隔一小段距离再滴入一滴，就能完成了。氯仿用玻璃针筒和针头装贮、点滴使用。如果用模型的边角料先溶解在氯仿中，这样形成胶水的稠稀度可以自行控制。这种胶水不但实用，而且成本低，干燥以后，无明显的色差。

两个零件在组合时，应先涂胶，对准位置揿合一下，最好在接缝中稍微冒出一丝溶解的塑料，以证明接合处没有空隙。这稍微冒出的一丝塑料干透后稍加打磨，就看不到任何黏结的痕迹了。

（4）上腻子。当零件黏合完毕后，有些零件仍会产生误差或明显的凹陷等状况，这大多是模型在注塑时塑料原料不到位造成的。如果凹陷太明显，就要上腻子。前面谈到的用氯仿溶解的塑料边角料（稍微稠一些）就可以当腻子用。用牙签沾一点涂在凹陷处，等干透后再打磨光滑。一次填不平，就再涂一次或多涂一点，因为它和零件是同一种材料，打磨好后就像一个整体一样。不过一定要等腻子完全干透后再打磨。

（5）打磨。打磨工序是保证零件表面光滑平整的重要一环。打磨一般用什锦锉、水砂纸等进行。对于不同形状的表面，应用相应的锉刀来加工，锉刀必须顺着零件表面的形状或弧度来回锉动，不要只锉细细的一条接合线本身，否则会造成接合线处一条明显的平面，破坏了零件整体的光滑弧度。锉刀上粘附的塑料废屑要随时清除。用锉刀将零件锉得快好了时，改用水砂纸打磨，水砂纸背面的号码越大，表示砂纸颗粒愈细，砂磨出来的表面愈光滑，但砂磨所需的时间也愈长。通常可以从 400# 开始，逐渐换用 600#～800# 等水砂纸，沾水砂磨效果会更好一些。对某些细小的地方，可以将水砂纸折个边来使用。

（6）上漆。已经组合并胶好的零部件，先不要粘到整船上去，而应将同一种颜色的零部件用双面胶带纸粘在一块木板上，进行喷漆，等漆干透后才能取下并装到整船上。

在给船体上漆时，因为其水线下部分与浮出水面部分通常用两种不同颜色的漆，水下部分常漆成暗红色，实际是一种防锈、耐磨蚀的特种漆，用来保护船体免受海水浸蚀。水上部分则常根据船的类别漆上不同的颜色。如军舰，常用银灰色、深灰色、蓝灰色等接近海面与天空的保护色，而商船、游艇则常用白色或比较鲜艳亮丽的颜色。喷漆时，先喷颜色较淡的漆，例如白漆、淡黄漆之类，一般要喷 2～4 次，每次要喷得薄而均匀，相隔 5～10 分钟，等漆干透后再喷第二次，如果漆太多太厚，不易干透也不易保持漆面均匀光洁。等到第一种漆全部喷好干透后，就可以喷另一种颜色较深的漆了。例如，在白色上加喷红色水线。这两种颜色的分界线（水线）一定要整齐平直，因此喷漆时要用低黏度的纸胶带遮住一边，不要喷到第二种深色漆的部分。如果纸胶带不够宽，可以用一些不易透水的纸条增加纸胶带的宽度，把该遮的地方全遮起来。喷第二种漆的方法与前一种一样，喷 2～3 次。等第二种漆膜干透后，轻轻拉开纸胶带就行了。这里补充说明，纸胶带是低黏度的，拉开时不易破坏漆膜的平直性。如果用黏性很强的封箱带之类的，就会因为黏性太强，而把下面第一种淡色漆膜一起拉掉。另外专业用的低黏度胶带，质量虽好，但价格也贵。初学的同学在给简单的模型喷漆时，可以用普通的“即时贴”来代替，仔细一点操作，也可获得不错的效果。

甲板如果只喷同一种颜色的漆，那么喷好干透后，就可安装上层建筑的设备和零部件。

若碰到航母上有多条又细又长的跑道线，有的还是一点一点的虚线，则就要在胶带的遮贴上多下工夫了。

对一些细小的零件，例如枪炮管的炮口与炮身、烟囱的圆筒与烟囱口等要涂 2 种颜色的，如喷漆不方便，那么就用柔软而有弹性的毛笔沾漆涂上。

用小瓶装的各种颜色的喷漆或专用颜料，模型商店里有售，可以根据需要和用量去选购，如果买大听装的硝基漆，价格就便宜多了，对一般船模的喷涂要求也可以满足了，特别适合学校船模组集体用。买上红、蓝、黄、白、黑几种漆，那么几乎各种颜色都可以调配出来了。

模型中常用到的几种颜色漆的配制方法：

紫红＝红＋少量黑；

橙红＝红＋黄；

粉红＝红＋白；

奶黄＝中黄＋白；

天蓝＝白＋少量深蓝；

绿＝中黄＋少量深蓝；

墨绿＝绿＋少量黑；

浅灰＝白＋少量蓝和黑；

蓝灰＝中蓝＋灰。

如果改变配制中颜色的比例量，则可改变调制出来的颜色。例如在配制灰色时，白漆多了则呈浅灰；蓝漆或黑漆多一些，就呈深灰色了。在准备漆时，要稍多配一些，免得不够用再配起来，漆的颜色与前一次就不完全相同了。

二、中山舰制作

中山舰是一艘长 62.48 米，宽 8.91 米、吃水 2.4 米的炮舰，排水量为 780 吨（满载 844 吨），功率为 1 350 马力（992 千瓦），双轴、双桨、单舵，最大航速 13.5 节。它装备有 8 门火炮，105 毫米 1 门，76.2 毫米 1 门，47 毫米 4 门和一磅炮 2 门。1913 年在日本建成驶回上海，编入袁世凯北京政府海军第一舰队，在服役的 25 年中，中山舰经历了历史上有名的“护法运动”、“广州蒙难”、“中山舰事件”和“武汉保卫战”四大事件。抗日战争中，被日机炸沉于湖北，现已打捞出水并修复，成为爱国主义教育基地之一。

1. 制作材料

中山舰拼装套材。

2. 制作工具

剪刀、小刀、小锉刀、镊子钳。

3. 制作方法

先仔细阅读说明书。

(1) 电动部分的组装见图 7-2-1。

这是一艘双轴双桨的模型，它由一个电动机通过齿轮箱减速和传动带动模型运动。2 个桨的转向相反（桨叶的扭转角也相反，可以消除因螺旋桨转动引起的倾侧扭矩），在安装时注意既要各齿轮啮合，又不能过分地轧紧，影响转动。盖上齿轮箱盖后，要安上电池试转一下看是否顺利。

橡胶接管的两端不能与齿轮箱或黄油盒接触，否则会增加阻力造成停车。如果橡胶管沾上黄油，使用时会出现打滑不转的情况。

电源接上后，如果出现倒车情况，只要把正负极接线对调一下即可。

螺旋桨与桨轴结合时，用锤在轴的一端轻轻敲入，如果钢丝轴端有毛刺，先用锉刀把毛刺锉光，避免用力过大造成桨轴孔豁裂。装好后用手指捻一下桨轴，看看桨叶是否能转得均匀。

(2) 构件物的组装。这一工序大多要用胶黏结。图 7-2-2 是船的上层建筑，它由 B12、B13、B14、B30 等零件粘成。先根据图中零件编号从零件板上剪下零件，去掉毛刺试组合一下。可以发现 B30 是这个构件的底板，B12、B13、B14 在 B30 上粘成，在 B30 中部有 2 根定位钮，是 B12 安装时指定位置用的。A4 是小栏杆，B21 是 2 门一磅炮，按图中箭头所指位置找到安装的定位钮，这次是 2 个小洞了，将 B21 底部突出尖端插入胶牢即成。

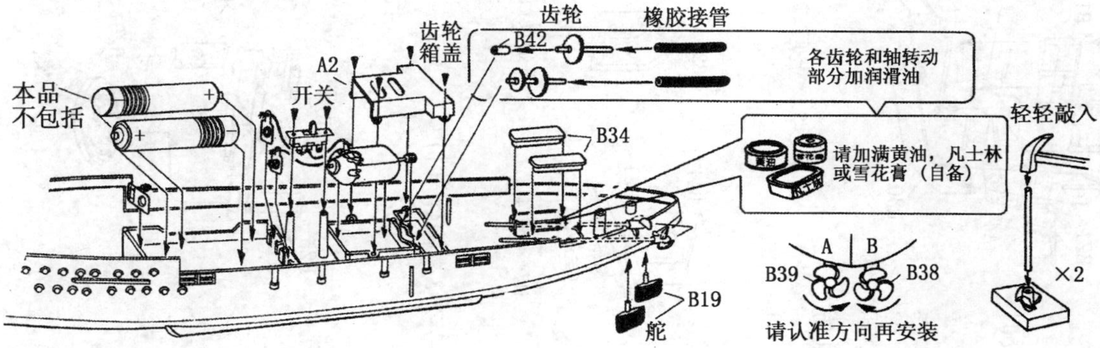
齿轮
橡胶接管
齿轮
箱盖
B42
A2
本品
不包括
开关
各齿轮和轴转动
部分加润滑油
轻轻敲入
B34
请加满黄油，凡士林
或雪花膏（自备）
A
B
B39
B38
×2
B19
舵
请认准方向再安装

图7-2-1　电动部分

图 7-2-3～图 7-2-7 所示的是各个零部件的安装组合图。

这类构件很小，涂胶时要用牙签一类细棒，沾一点胶，涂两边，再合拢揿一会儿，等胶水稍干后松手。如果用细的画笔，沾一点氯仿涂抹，也许会更好。总之，

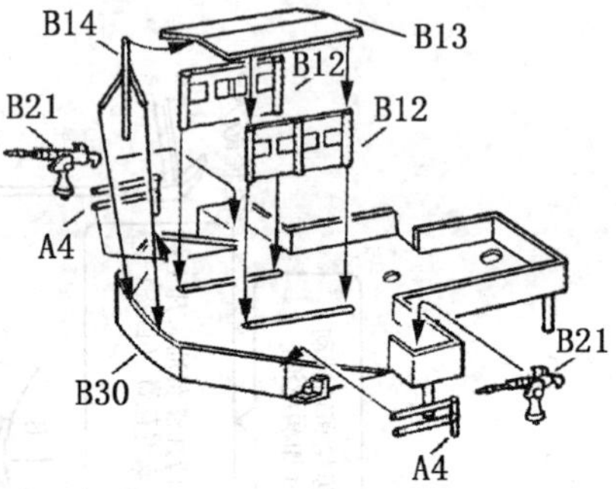

图 7-2-2 上层建筑

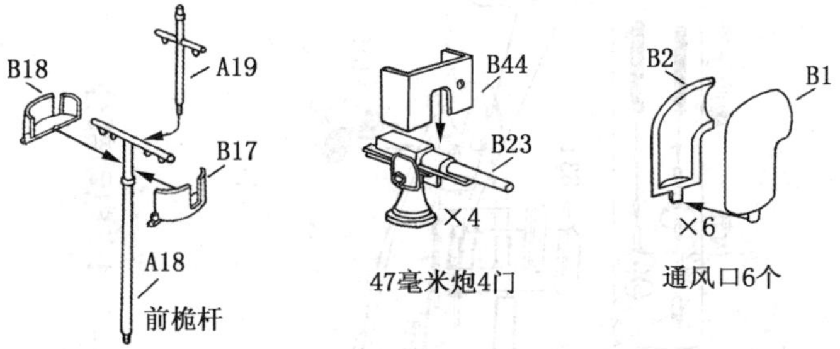

图 7-2-3 构件（1）

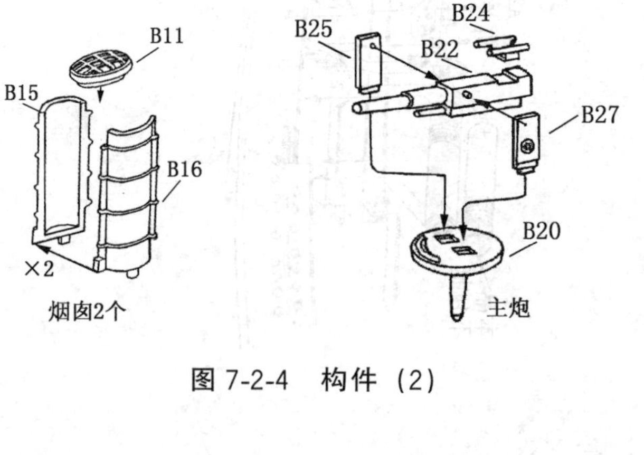

图 7-2-4 构件（2）

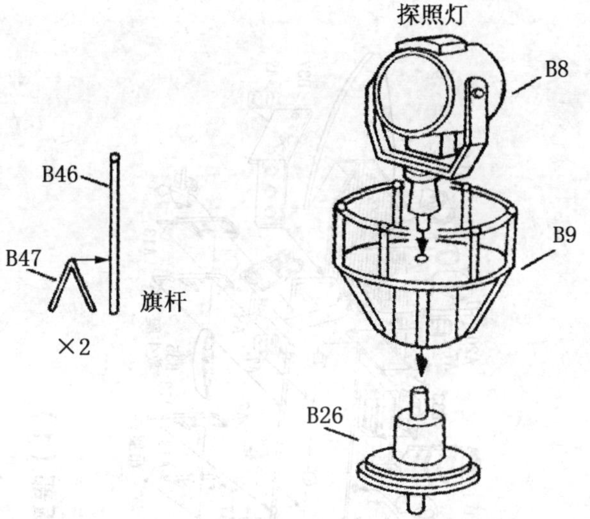

图 7-2-5　构件（3）

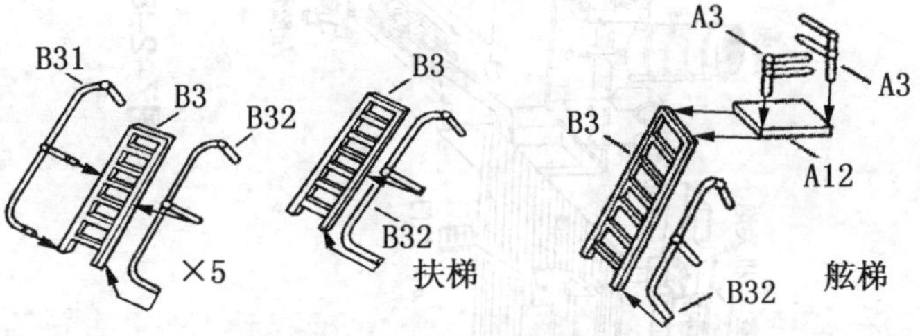

图 7-2-6　构件（4）

得细心注意。

（3）甲板的组装见图 7-2-8、图 7-2-9。

构件组装好以后，还要等涂好色后才能安装到甲板上去。安装时要考虑哪个先装、哪个后粘，一般是先装中间再装外

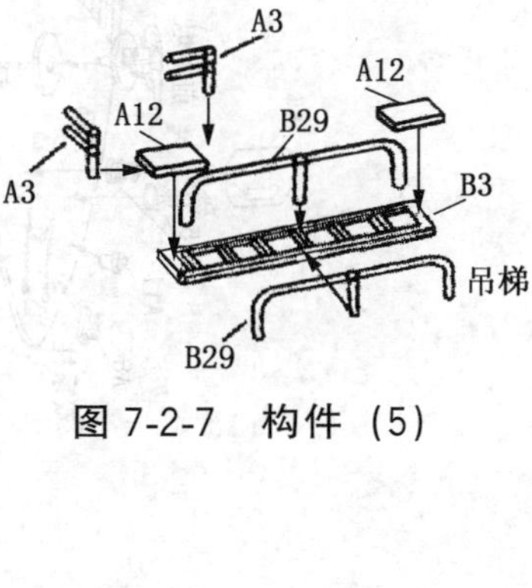

图 7-2-7　构件（5）

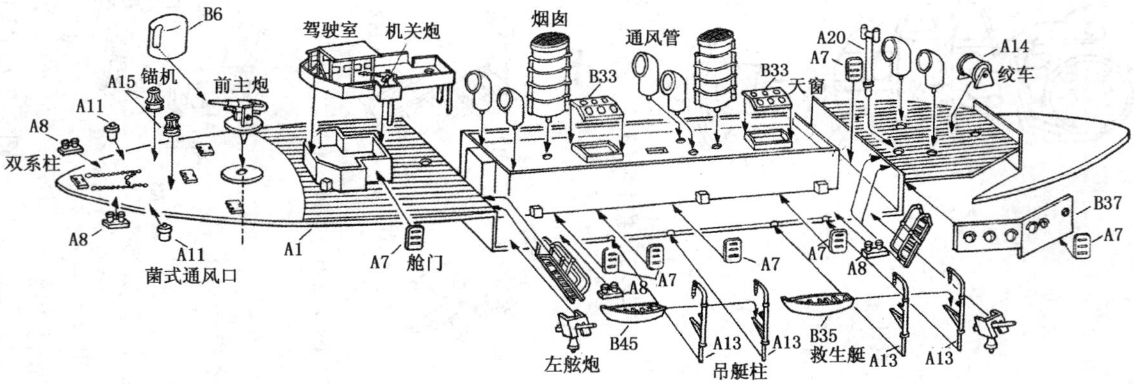
B6
驾驶室
机关炮
烟囱
通风管
A20
A14
A15 锚机
前主炮
B33
A7
B33
天窗
绞车
A11
A8
双系柱
B37
A8
A1
A11
菌式通风口
A7 舱门
A7
A8
A7
A7
A8
A7
B45
A13
A13
B35
救生艇
A13
A13
左舷炮
吊艇柱

图7-2-8　甲板部（1）

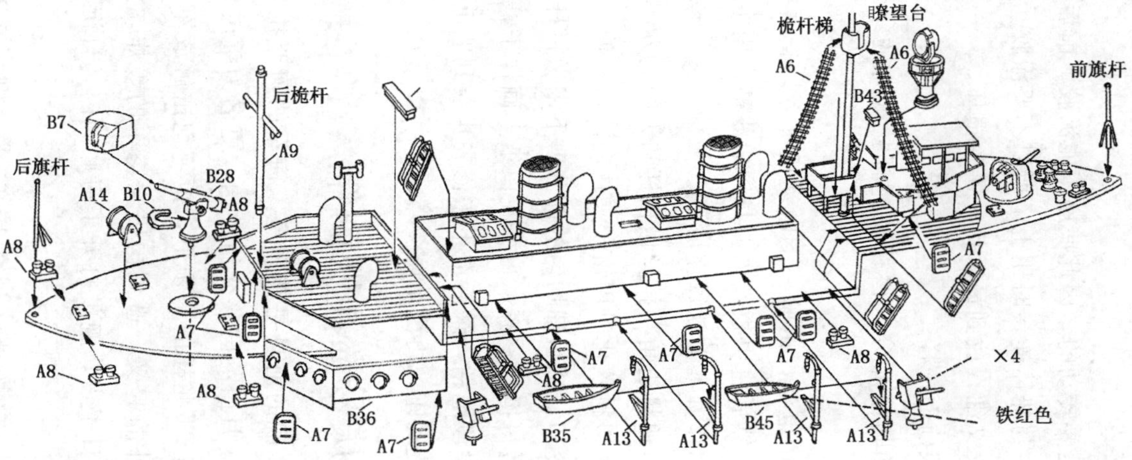
后桅杆
A9
B7
后旗杆
A14
B10
B28
A8
A8
A7
A8
A8
A7
B36
A7
A8
A7
B35
A13
A7
A13
B45
A7
A13
A8
A13
×4
铁红色
A7
A6
桅杆梯
瞭望台
A6
B43
前旗杆

图7-2-9 甲板部（2）

边的；先装低的构件再装高的……总之要考虑到方便且不影响所有部件的顺利安装。

由于主炮是要转动的，因此底座不能涂胶。前后主炮底座下面的轴，还要在与船体连接时用上，所以不要涂胶。

桅杆梯又长又细，放到最后粘，避免损坏。

涂胶方法跟前面一样。

（4）船体和其他部分（栏杆及桅杆拉线）的组装见图 7-2-10、图 7-2-11。

装好 2 节 5# 电池，试验一下电动机部分，查看螺旋桨转动情况，装上舵，然后将甲板嵌入船身周边浅槽，用主炮连接甲板和船身，船模制作基本上就算完成了。

接下来，用塑料边角料拉丝做栏杆和天线。方法是加热一小段边框余料，至塑料软化时用钳子夹住向两边拉伸，直至粗细合适时等它自然冷却，拣粗细均匀的部分剪下来做栏杆或天线。

要使栏杆做得挺直整齐，可先在白纸上画样子，将拉好的丝放在纸上，一段段地粘，最后取下来修齐再装到船上。

（5）最后装底座，再配个防尘罩。

三、重庆号巡洋舰制作

重庆号巡洋舰的前身是英国皇家海军的阿罗拉号，1936 年建成，1948 年 5 月由英国移交给中国，更名为重庆号。1949 年 2 月 25 日在舰长邓兆祥的率领下，拒绝炮击解放军，在吴淞口举行了震惊中外的起义，遭到国民党空军的轰炸。为了保存该舰，在 3 月 20 日子夜，舰员打开了海底阀门，自沉于葫芦岛码头侧。

重庆号总长 153.9 米，型宽 15.55 米，型深 9.14 米，吃水 4.88 米，排水量 5 270 吨，64 000 马力（47 040 千瓦），航速 30

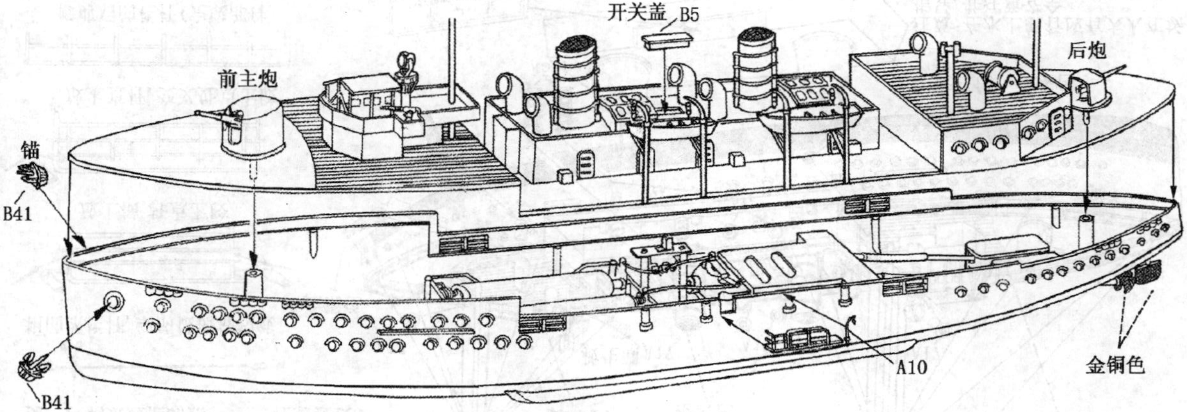

图7-2-10　船体（1）

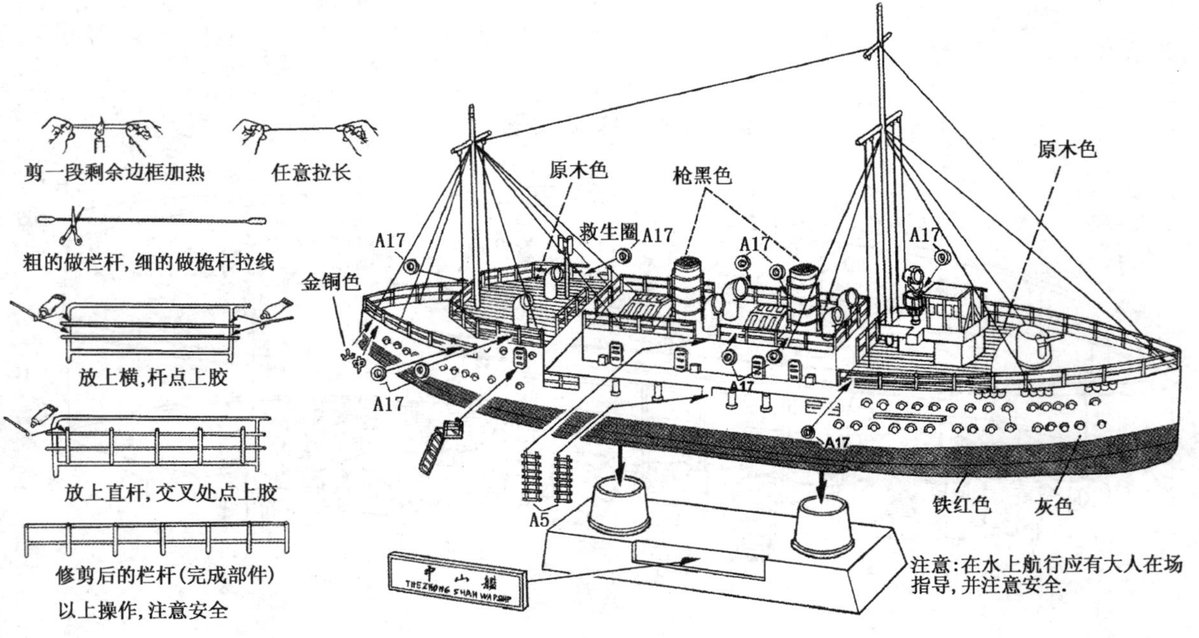
剪一段剩余边框加热
任意拉长
粗的做栏杆,细的做桅杆拉线
放上横,杆点上胶
放上直杆,交叉处点上胶
修剪后的栏杆(完成部件)
以上操作,注意安全
金铜色
A17
原木色
救生圈
枪黑色
A5
铁红色
灰色
注意:在水上航行应有大人在场指导,并注意安全.

图7-2-11 船体(2)

节，续航力 4 000 海里。主炮为 MK23 型双联装甲炮 3 座，口径 152 毫米，射程 22.68 千米，每门炮每分钟可射炮弹 8 发。副炮为 MK16 型双联装甲炮 4 座，口径 102 毫米，射程 19.48 千米，每门炮每分钟可射炮弹 20 发。主副炮各由光学测距仪及雷达指挥，这在当时属比较先进的武器装备。此外还有 40 毫米和 20 毫米口径的机关炮、鱼雷、深水炸弹和扫雷设备，这就难怪蒋介石宁可把它炸沉也不愿看到它投入人民的怀抱。

1. 制作材料

重庆号巡洋舰注塑模型（套材），见图 7-3-1。

2. 制作工具

剪刀、小刀、镊子。

3. 制作方法

参照前面所讲方法，根据图示方法和步骤，一步步制作，见图 7-3-2～图 7-3-6。

这艘重庆号巡洋舰模型零件多、精细，组合起来比较复杂，特别是 2、3 上层建筑，17、18 前后桅杆的组合，往往容易出错或黏结失败，下面着重介绍。

2 上层建筑是舰前部的驾驶楼，它不像其他模型是整块塑料，而是由多片薄壁组成，这些薄壁在黏合时要先试组合一次，找到相互组合时的“定位钮”，先粘好围框及顶板，再粘小零件。

每做好一个部件，都要仔细地放进贮放半成品或部件的纸盒，等喷好漆后再安装到船体甲板上去。

8 主炮由 G16、G28、G31、G32 四个零件组成，要求组成后炮管 G32 能上下俯仰，G32 搁在 G28 的凹槽内，穿过 G31 炮

图7-3-1 重庆号巡洋舰

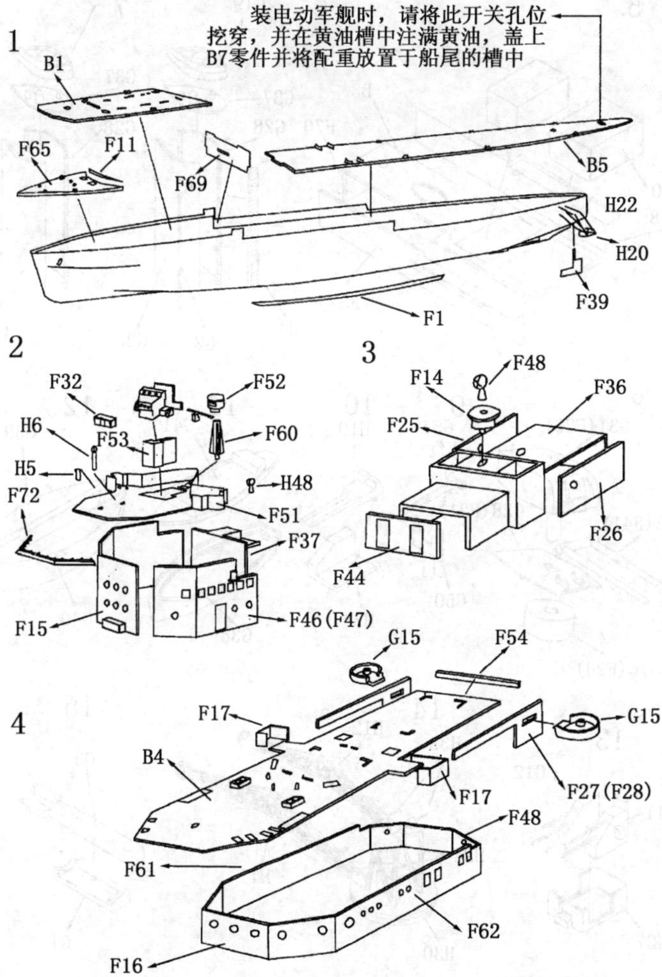
1
装电动军舰时，请将此开关孔位挖穿，并在黄油槽中注满黄油，盖上B7零件并将配重放置于船尾的槽中
B1
F65
F11
F69
B5
H22
H20
F39
F1
2
F32
F52
H6
F53
F60
H5
H48
F72
F51
F37
F15
F46(F47)
3
F14
F48
F36
F25
F26
F44
4
G15
F54
F17
G15
B4
F17
F27(F28)
F48
F61
F62
F16

图 7-3-2　船体及部件

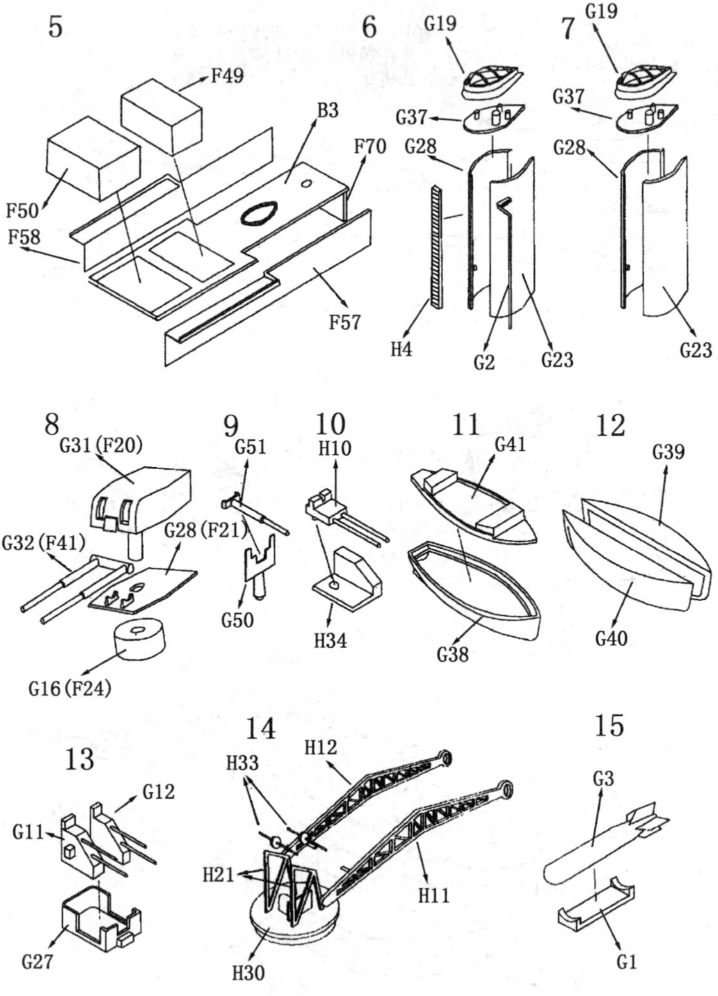
5
F49
F50
F58
B3
F70
F57
6
G19
G37
G28
H4
G2
G23
7
G19
G37
G28
G23
8
G31(F20)
G32(F41)
G28(F21)
G16(F24)
9
G51
G50
10
H10
H34
11
G41
G38
12
G39
G40
13
G12
G11
G27
14
H12
H33
H21
H11
H30
15
G3
G1

图 7-3-3　部件（1）

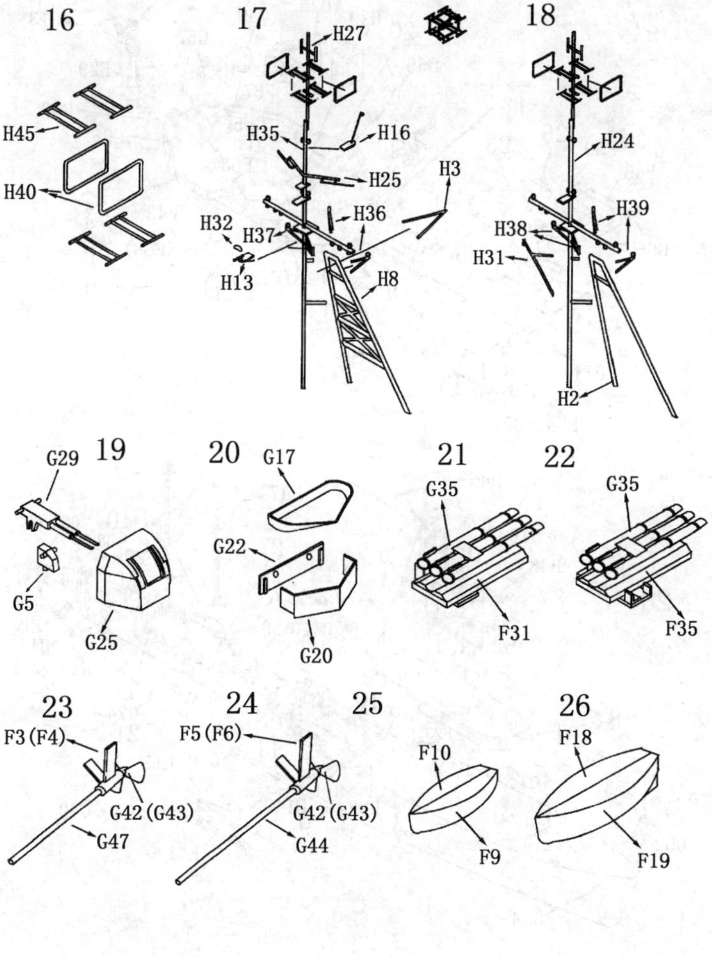
16
H45
H40
17
H27
H35
H16
H25
H3
H36
H32
H37
H13
H8
18
H24
H39
H38
H31
H2
19
G29
G5
G25
20
G17
G22
G20
21
G35
F31
22
G35
F35
23
F3(F4)
G42(G43)
G47
24
F5(F6)
25
G42(G43)
G44
26
F10
F9
F18
F19

图 7-3-4　部件（2）

27

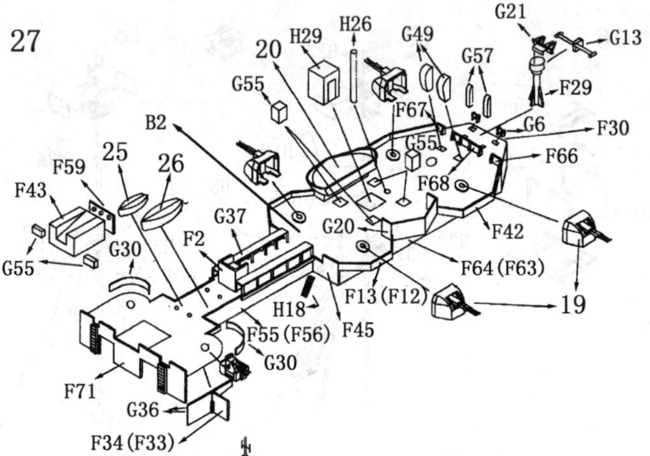
H29
H26
G21
G13
G49
20
G57
G55
F29
F67
G6
F30
B2
G55
F66
25
26
F59
F68
F43
G37
G20
F42
F2
G30
F64(F63)
G55
F13(F12)
19
H18
F55(F56)
F45
G30
F71
G36
F34(F33)

28

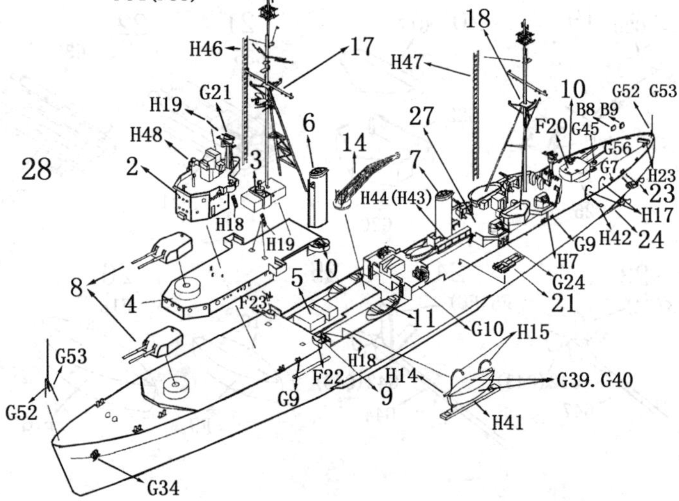
H46
17
18
H47
10
G52
G53
G21
B8
B9
H19
6
27
F20
G45
H48
14
G56
2
3
7
G7
H23
H44(H43)
23
H17
H18
H19
H42
24
10
G9
H7
8
5
G24
4
F23
11
21
G10
H15
G53
H18
F22
H14
G39. G40
G52
G9
9
H41
G34

图 7-3-5 甲板

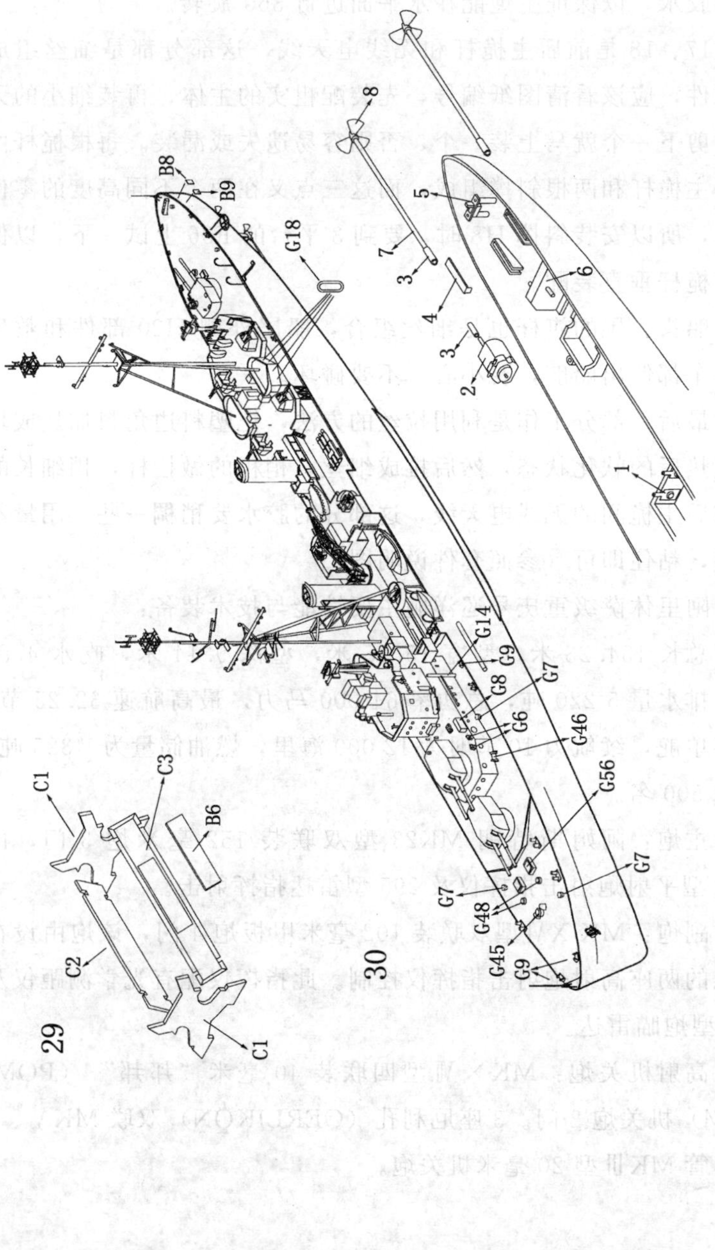
29
30
C1
C2
C3
B6
G45
G9
G48
G7
G56
G46
G6
G8
G14
G18
B8
B9
1
2
3
4
5
6
7
8

图7-3-6 甲板及动力

塔前 2 个长方孔，不能用胶水。G31 炮塔插入 G16 炮座，也不能用胶水，以保证主炮能在水平面进行 360°旋转。

17、18 是前后主桅杆和无线电天线，这部分都是细丝组成的零件，应该看清图纸编号，先装配粗实的主体，再装细小的天线，剪下一个就马上装一个，否则容易遗失或漏装。每根桅杆由一根主桅杆和两根斜撑组成，而这三点又在两个不同高度的零件顶上，所以安装斜撑 H8 时，要到 3 平台的 F36 上试一下，以保证主桅杆垂直装配。

船头、尾的旗杆也是细丝组合，船尾外侧 H20 部件和救生艇吊车都伸出船舷，要小心，不要碰坏。

最后一部分工作是利用拉丝的方法，把塑料边角料加热成均匀受热后的软化状态，然后拉成细丝，稍粗的做栏杆，稍细长的做前后主桅间的无线电天线，这部分的胶水要稍稠一些，用量不宜多，粘住即可（参照套件说明图）。

阿里休萨级重庆号巡洋舰主要性能与技术装备：

总长 154.23 米，型宽 15.55 米，型深 9.14 米，吃水 4.88 米，排水量 5 220 吨，总功率 64 000 马力，最高航速 32.25 节，四桨单舵，续航力 10 节时为 12 000 海里，燃油储量为 1 325 吨，舰员 500 名。

主炮：阿姆斯特朗 MK23 型双联装 152 毫米炮 3 门，由 GB2 型平射炮射击指挥仪及 295 型雷达指挥射击。

副炮：MK XⅥ型双联装 102 毫米甲板炮 4 门，该炮由设在首尾的两座高射炮射击指挥仪控制。此指挥仪配有光学测距仪及 285 型炮瞄雷达。

高射机关炮：MK×Ⅶ型四联装 40 毫米“邦邦”（POM-POM）机关炮 2 门。3 座厄利孔（OERLIKON）双联 MKⅤ、2 座单管 MKⅢ型 20 毫米机关炮。

鱼雷：MKⅣ型三联装533毫米鱼雷发射管2座，由舰桥两侧的鱼雷射击指挥仪控制发射。此发射管有再装填能力。

深水炸弹：舰尾左舷配有MKⅦ型深水炸弹滚落架1座，内装深水炸弹3枚。

第八章　空气动力艇制作

这一章将向大家介绍几种利用空气做动力的船模，先从取材方便的气球喷气式的做起吧！

一、气球喷气式动力艇制作

气球喷气式动力艇见图 8-1-1。

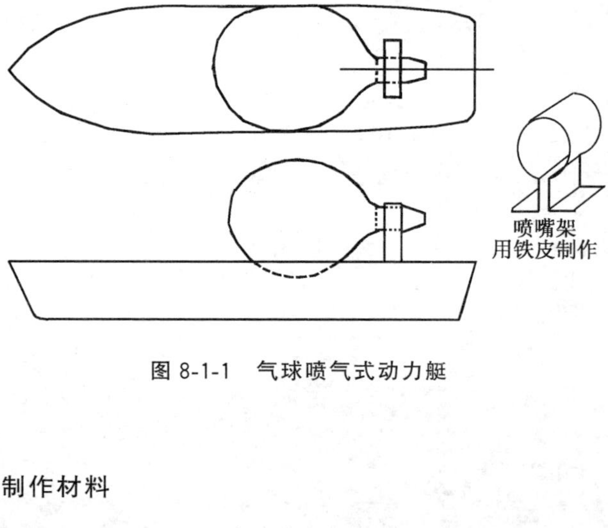

图 8-1-1　气球喷气式动力艇

1. 制作材料

船身：可以利用其他船模的船身改制，或者用厚度为 20～30 毫米的木板（或几层叠起来）、20 毫米厚的商品包装用的泡沫塑料板、可乐瓶、空易拉罐等。

气球和喷嘴：中等大小的气球一个，喷嘴用眼药水瓶剪去底部改制而成。

喷嘴架：用一小块铁皮制作，固定喷嘴用。

百得胶若干。

2. 制作工具

刀、剪刀、锯子。

3. 制作方法

这艘船的特点在于利用气球内的气体通过喷嘴向后定向释放，产生小船前进的动力，所以一定要固定好气球喷嘴的位置。如果喷嘴是用眼药水瓶改制的，中间一段是均匀的圆柱体，用一段铝或铁皮（用易拉罐剪下一条）把喷嘴裹一圈，多余的两端弯折一下用胶或小钉固定在船身上。

船身如果用泡沫塑料块加厚，可以用一块三夹板裁成甲板形状（便于安装喷嘴架）。三夹板与泡沫塑料的黏结法：将百得胶涂在三夹板甲板的下表面上，不要太多但要均匀。待胶稍干后，将泡沫塑料块压上去就粘牢了。泡沫塑料块刚接触百得胶时，表面会溶化一些，但这时百得胶已全部干了，所以泡沫塑料不会继续溶化而是随着百得胶干透与三夹板合在一起了。泡沫塑料块粘好后，可以根据甲板外形将其修整成型（外形、大小及长短都可自行设定）。

为了使气球位置更稳定，在甲板上开个孔，使气球吹足气后，一小半陷入船身，就容易稳定了。当然也可以给气球加个栏板什么的，请大家自行设计吧！

还有一点要说明的，喷气孔的大小，与喷出气流的速度有关，当然对船速和航行距离有影响，不妨试试，看开多大的孔更合适。

二、电动空气桨小艇制作

根据牛顿第三定律："作用力和反作用力大小相等、方向相反，作用在两个不同的物体上。"螺旋桨转动时，把水向船后排出，同时，水对螺旋桨产生的反作用力，使船向前运动。如果我们在船的甲板上安装一个大风扇，是不是同样可以获得一个空气对船的反作用力而使船向前运动呢？答案是肯定的，条件是向前的力要大于水对船前进时产生的阻力。前进的力量比阻力大得越多，则使船加速的力越大，船会在短时间里越驶越快。要做到这点，就要加大空气中螺旋桨的推力。我们此刻要做的空气桨小艇，它的桨就远比水中所用桨的直径大得多，如图 8-2-1 所示。

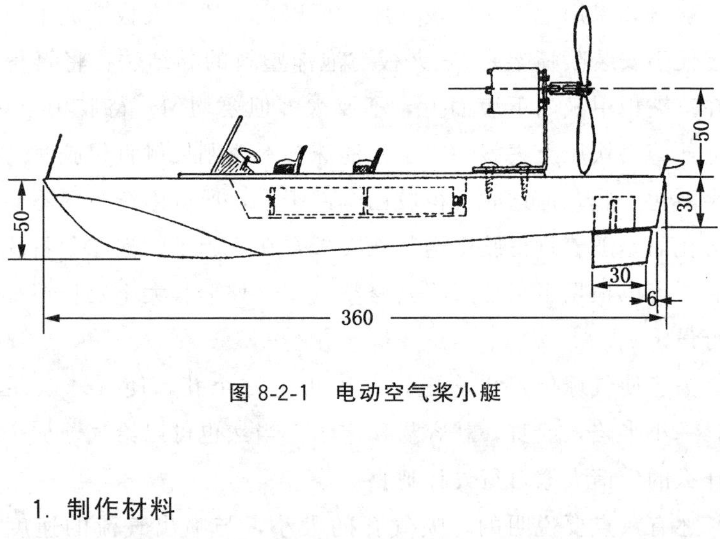

图 8-2-1 电动空气桨小艇

1. 制作材料

船身：360 毫米×50 毫米×50 毫米木块 1 块，或用 8～10 毫米的木板 5～6 块叠成。

甲板：210 毫米×50 毫米×2 毫米木片 1 块。

电动机：171# 玩具电动机 1 个。

电动机支架：20毫米×100毫米×1毫米铁皮1块或20毫米×100毫米×2毫米铝皮1块。

螺钉：3毫米×6毫米圆机螺钉2个（固定电动机用），3毫米×15毫米圆机螺钉连帽一套（固定空气桨用），4毫米×10毫米自攻螺丝4个（固定支架用）。

圆珠笔心空管一段，约15毫米长，用于连接桨轴。

舵：普通塑料船舵1个或用薄铁皮自制。

挡风玻璃：20毫米×60毫米×1毫米有机玻璃1块。

电源：4节$5^{\#}$电池及电池夹1个，导线若干。

开关：小型拨动开关1个。

空气桨：市上有售的小直升机用的螺旋桨1个。

百得胶若干。

2. 制作工具

刀、锯、木锉、钻头、剪刀、螺丝刀、铁锉、电烙铁等。

3. 制作方法

（1）船身。船身最厚的部位在船头附近约50毫米处。如果用整块木头像刻独木舟那样来挖，所费精力太大，也不容易挖得很光滑。我们可以用船厂里做大船模的办法，整个船模用几层木板层叠起来拼成。我们在每块木板上挖空、开槽，当然远比用整块木料要便当得多了。

将船身正面和侧面图形，先画到叠起的木板上去，然后给每一块木板编号，以免得搞错位置，然后对每一块木板作初步的加工，上面的几层把放电池的部位锯掉、挖空，这样叠起来后胶牢，就像从上面向下挖出来的一样，但是要比整块木头挖出来的光滑整齐多了。该挖的都挖好后，按编号次序胶牢，干透后再加工整船外形。用木锉根据图纸要求仔细锉船头，锉好后再用砂纸打光，船身其他部分也一样，要砂磨到看不出叠起来的痕迹。

在船尾装舵的地方，用ϕ2 毫米钻头打个孔，用来插舵柄。

(2) 螺旋桨改制空气桨。小直升机的螺旋桨叶片太长，用剪刀和锉刀使它从直径 150 毫米缩短到 100 毫米。另外，把原来的轴心孔从ϕ0.3～ϕ0.4 毫米扩大到ϕ2.5 毫米。

(3) 自制空气桨。如果不用小直升机的螺旋桨，也可以自己用铝片材料自制，效果还更好些，见图 8-2-2。

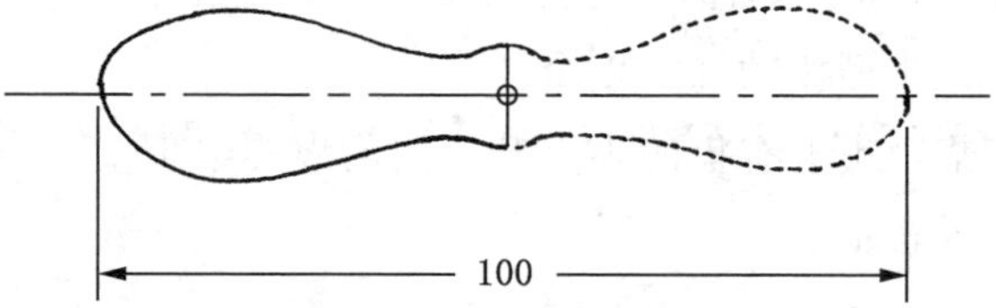

图 8-2-2 空气桨

取 25 毫米×100 毫米×2 毫米的铝皮 1 块，画出中点及中心线，用白纸画出空气桨样板，贴在铝皮上，用锉刀仔细加工，中点处开一个直径为 2.5 毫米的小孔，开好后穿入一枚螺钉（2 毫米或 2.5 毫米都可），主要是检查桨叶两边重力是否平衡。如稍有轻重，要适当修正。检查时用手拨动桨叶，能均衡而稳定地转动即可。做好后，左右手各捏住一端桨叶尖，像绞毛巾似的扭一下，要求两边扭的角度相等。转动时也能检查出毛病。取ϕ3 毫米×15 毫米的长螺丝 1 枚，在桨轴中心一边转一边穿过去，后面用螺母固定，多出来的螺栓就成了空气桨的轴了。然后将其套上塑料圆珠笔心管，稍为扩大一些，将螺丝旋入旋紧备用。

(4) 电动机支架。171# 电动机的端盖上有 4 个小孔，其中 2 个有螺纹，可以拧ϕ3 毫米的螺丝。在准备做支架的铝皮上画出中心线，确定电动机准备安装的位置后用钻头打 3 个小孔：一个 $\phi5$ 毫米的用于套电动机轴，2 个 $\phi3$ 毫米的用于固定电动机。小孔在大孔的两边，位置与电动机端盖上小孔一致，打好后最好试套一下。在铝皮另一端，距电动机轴心 55 毫米处弯成直角，并在弯折过来的一端铝皮上打 4 个固定支架用的螺丝孔，$\phi3$ 毫米。

（5）甲板。选用 2 毫米厚的松木板，前面胶一块挡风有机玻璃，倾角 60°左右，与驾驶台胶在一起，比较牢固。另外用木片等零料做两排座椅，放在甲板上。甲板既是小艇的一部分，又充当电源舱盖，可用插入法或用螺丝固定。因为电池常要更换，所以不能胶牢。

（6）安装电动机支架。为了防止侧偏，一定要把所有部件的中心线对准，每钉好一个螺丝后都要重新检查一下支架位置，防止在旋螺丝时错位。装上电动机，将空气桨轴套管套上电动机轴。如太紧而一时套不上，可将轴套管在热水中浸一会，再边旋边套上电动机轴。接上电源、打开开关，试一下，看空气桨转动时气流是否向后。

由于空气桨需要较大功率，因此该模型采用 171# 电动机和 6V 电源。试一试，保证你会满意的。

三、注塑船体自航小帆船制作

帆船也是靠空气的推力来行驶的船，它不用空气桨，不用电动机和风扇，靠天然的风力来行驶。它要有很大面积的帆，用来接受足够多的风力，而且帆要能随着风向转动，以便更有效地利用风力。

现在让我们通过注塑船体自航小帆船的制作，来学习一些帆船的基本知识。

通常，船的航行是靠橹、桨向后划水所受到水对船的反作用力而前进的。此力作用在船身上，不会产生使船倾覆的危险。可是，帆船受到使船前进的推力来自高高挂起的帆。当横向的风吹来时，这股巨大的力量可以侧倾一艘船。因此，为了防止发生此类翻船事故，必须加强船的稳定性，在帆船的底舱必须加配压舱的重物，使船的重心降低。在海上遇危险的风浪袭击时，要卸下高高的风帆，避免受风的影响，甚至进港并抛锚避风。我们制作的这艘注塑帆船的船体中间底部，有一块向下伸出的“稳向板”，它的一端连住船体，一端固定一块铅块。这块铅块称为帆船的“压载”，有了它，就可以增加帆船的稳定性，避免船的倾覆事故。

这艘帆船在航行中除了要防止倾覆外，还要在顺风、侧顺风等不同风向时，使其舵都能自动随风向调整，保证能基本上直向航行。所以它要有一个自动操舵的机构，安装好以后要多次调试确定位置（因与当时风向、风力大小都有关系。）

1. 制作材料

注塑小帆船套材、胶水。

2. 制作工具

剪刀、尖嘴钳。

3. 制作方法

（1）稳向板和压铅的安装。稳向板和压载的铅块，平时都浸没在水中，航行时与水产生阻力，所以要尽量使它们的外形光滑些，去除毛刺，稳向板的前后缘要用水砂纸砂光，压铅的表面要光滑呈纺锤形。小船的压铅（一般都是左右各半块）用百得胶牢牢胶住，最好不要有裂缝，压铅的平面要磨平，如图 8-3-1 所示。大一些的帆船，要用长螺丝穿过稳向板对压铅进行固定。稳向板插到船底中缝的槽孔内，与船身纵列中心线重合，并与甲板面垂直，将其胶牢。

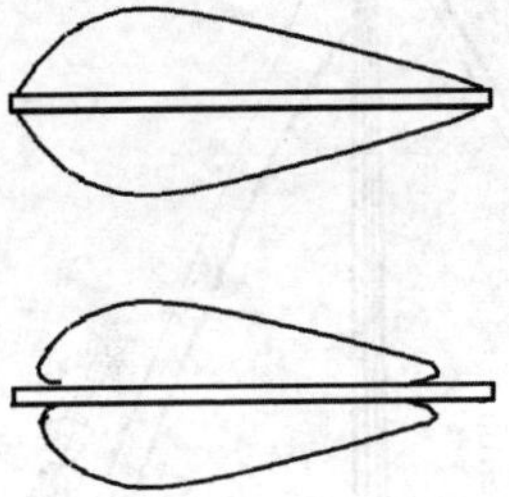

图 8-3-1　稳向板和压铅

(2) 舵是连舵柄一起注塑成的，舵面磨光，舵柄钢丝穿过船底舵柄孔，向上穿出甲板，再套一粒小珠子（转向时可以减小摩擦力）和一小段小橡皮管（用来固定主帆缆绳）舵及舵柄要垂直甲板，穿出甲板和小珠子后弯折 90°便于操纵舵面方向，见图 8-3-2。当主帆受风后，风向的改变和风力大小变化，都会通过主帆缆绳带动舵面改变方向和舵角大小，使船能保持直线前进。

(3) 桅杆：桅杆用竹丝加工，下端插入甲板上的桅座小孔内，胶牢。桅杆与甲板保持垂直，用前后左右 4 根桅索来固定桅杆。

(4) 帆：帆是帆船前进的受力装置，分为主帆和前帆，帆是用质地细薄又不透气的织物或坚韧的薄膜制成。先按图示画出帆的样子，然后剪下备用。每张帆的 3 个顶角上，加贴 2 层胶带加固，帆的底边折卷 5 毫米，中间夹一条用回形针弯直的细铁丝（准备做“驶风杆”用），折起的边与帆粘牢。再在 3 个顶角胶带加固处打个孔，装上空心铜铆钉，铆牢，以备装帆时穿帆索用。

主帆的前缘尽量贴近桅杆，同时又要能绕桅杆转动，所以帆

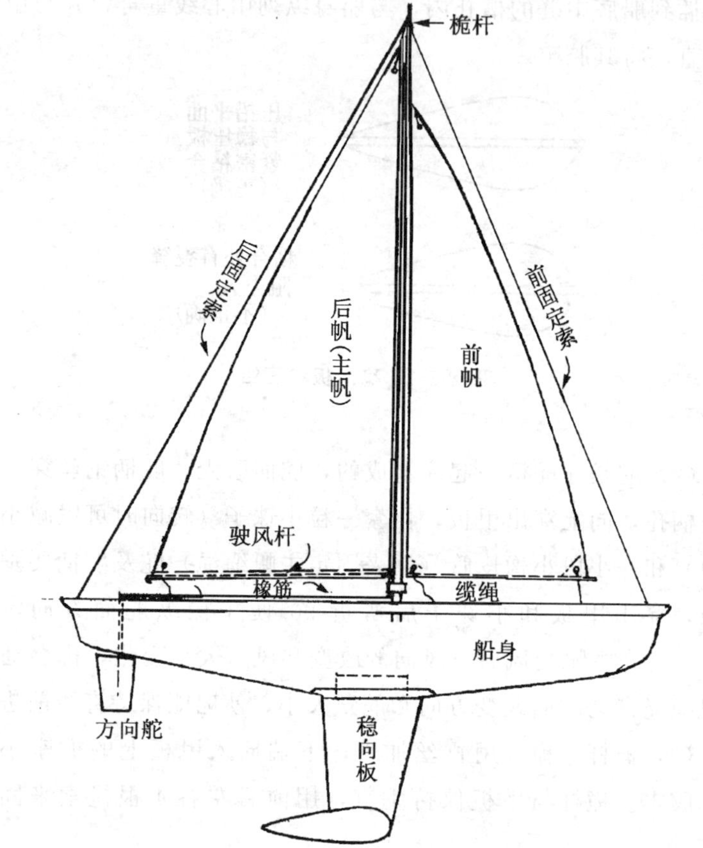
桅杆
后固定索
后帆(主帆)
前帆
前固定索
驶风杆
橡筋
缆绳
船身
方向舵
稳向板
固定索扣(左)
舵孔
甲板平面
桅杆固定孔
固定索扣(后)
固定索扣(前)
固定索扣(右)

图 8-3-2　小帆船

的下端铁丝要折弯，如图 8-3-2 所示，前端插入套在桅杆下端的驶风杆固定孔中，再把它弯一下，使它不致脱出。

在帆的上端角小孔中，穿过细锦纶线，将帆缚在桅杆顶端，使主帆的直边紧靠桅杆，主帆的下边后缘小孔则用锦纶线将驶风杆与舵操纵柄连起来。当风力和风向发生变化时，帆面与船身中心线的夹角会有变化，带动舵面也发生相应的变化。调整驶风杆与舵的操纵柄间连线的长短，或者调整能使舵面自动回正的橡筋的松紧程度，就可以使船只保持直线航行。

将前帆的斜边（前缘）上下两孔穿线，上端挂在桅杆上部，下端与驶风杆相连后挂到甲板上。后缘底角穿线系到甲板上，线的长短用来调整前帆受风时张开的帆角大小，一般调到前帆角比后帆角大 1°～2°。

（5）自航帆船由于在出手后的航行中无法由人力操纵，加上风力的大小和方向的变化无法事前知道，因此在试航及比赛中要时刻留意观察船的航行轨迹，及时调整。

通常先在无风或微风的情况下试验船的平衡状态，看稳定舵能否起作用。可以有意将船向左右侧倾倒接近水面，松手后看帆船能否恢复直立。不行就要增加压铅质量。再看船在当时的风力和风向下航行时，偏离正直航向多少，相应地调整驶风杆缆绳的长短及橡筋松紧程度。在一次次调整中摸索和积累经验，一定能取得好成绩。

第九章 航海模型比赛指定用船制作

一、021型导弹艇制作

021型导弹艇仿真模型是1998年举行的第3届“我爱祖国海疆”全国青少年海模比赛的指定用船。它与上一届指定用船功勋号同为中国海军实战军舰的缩影，从模型对比可以看出中国海军装备又前进了一步。021型导弹艇的武器装备主要是4座导弹发射器代替了功勋号的2座鱼雷发射管。从模型制作角度来分析，021型导弹艇制作的难度提高了，它的上层建筑和导弹发射架等都要由多个零件拼装而成，提高了制作者识图和动手的能力。另外，从模型的水中航行性能来看，021型艇身较宽，线型合理，航行中稳定性极好。比赛时突然刮起大风，但参赛的021艇大多又快又直地向两边飞溅出水花，仿佛是真的快艇一样。

1. 制作材料

021导弹艇模型套材。

2. 制作工具

剪刀、小刀、砂纸、尖嘴钳、镊子、酒精灯。

3. 制作方法

（1）电动部分的组装见图9-1-1。

电动机用扁形131#玩具电动机（如需加大转速，可以改

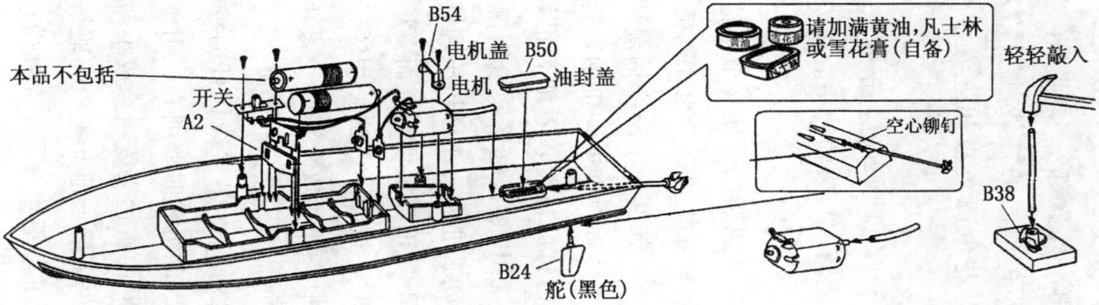

图 9-1-1 021型导弹艇

绕线圈、更换磁铁或者用本船模特有的4节电池盒，安装6V电池），安装在船体中部的位置，用螺丝及电动机盖板B54固定，电动机的2个电刷（外露部分）朝上，左边的焊在电源正极，右边一个焊在开关中间的接线柱上，开关的边上的接线柱（左或右都可以）与电源负极相连。整个电路是串联连接。

电动机的后端盖有一个半圆形凸起，正好嵌在电动机座盒内，固定后电动机轴向下微倾，与桨轴的中心线成一条直线，有利于动力传递。

电池盒是2节或4节都可以装的，用2节电池时，把中间隔板A2插上，再检查一下电池连接片是否也在隔板上。

安装传动轴（桨轴）时，先套一个空心铜铆钉它是用来作轴承的，从船尾轴孔处伸进船体，对准电动机轴，套上连接用的小橡皮管，这时检查一下铜铆钉的位置，看能否正好插进尾轴孔，如铆钉太粗，套不进去，就用20瓦电烙铁给铜铆钉加点温，一面加温一面用烙铁把铜铆钉压进去。注意热压铆钉最好套在轴上进行，如果没有轴，铆钉不易正确定位，反而要增加阻力。

把螺旋桨装到轴上去时，按图示方法，用锤轻轻敲入，在下面垫的木板上先打一个凹痕，便于放正桨叶。装好桨再装舵，桨叶转动时不能碰船底和舵面。

（2）构件物的组装。图9-1-2是天线桅杆的组装图。由于组装的零件特别多而精细，因此组装时要细心、用镊子帮助，胶水不要多但要粘牢。先把不同的雷达天线组合成小部件，再根据它们在桅杆上的高低位置，先下后上地互不影响地粘上去，要一次性就粘牢靠，免得这个粘了，那个掉了，补粘的时候，空间很小，困难更大。要粘得又牢又好，胶水稠一些，粘时待胶水稍干后再松手，点接触面的小构件胶水比平时稍多一些，手扶的时间长一些。接触面稍大的构件，还要稍加一些压力揿一会儿。

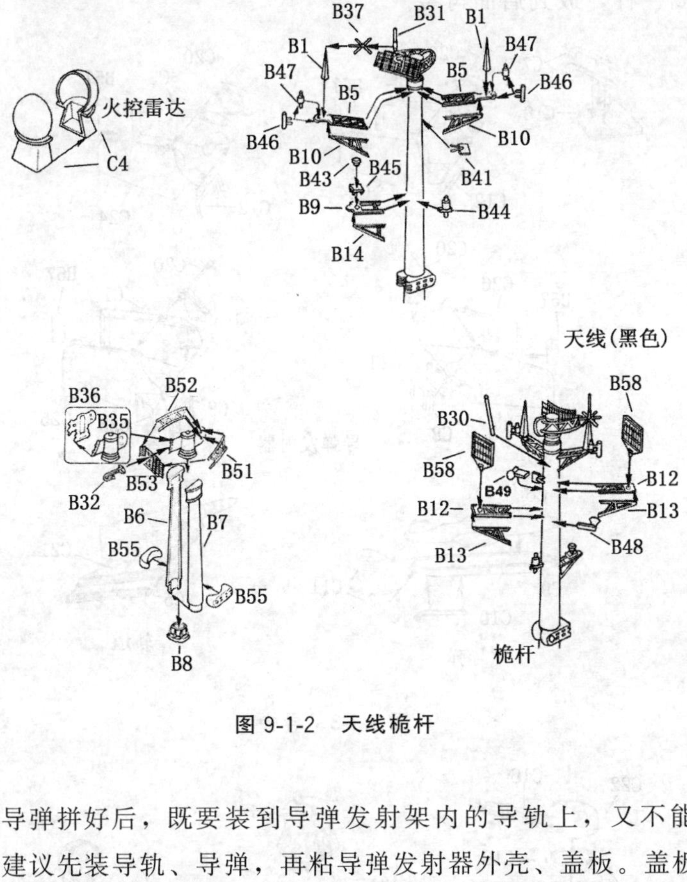

图 9-1-2　天线桅杆

导弹拼好后，既要装到导弹发射架内的导轨上，又不能粘死，建议先装导轨、导弹，再粘导弹发射器外壳、盖板。盖板通过轴销 C20 要可以掀起来打开，所以也不能粘死，见图 9-1-3。

自动火炮在装配时要注意的是：火炮必须能上下俯仰和左右转动，所以该考虑哪些地方涂胶，哪些地方不要涂胶，见图 9-1-4。

(3) 舰桥的组装。如图 9-1-5 所示，舰桥主体由几大片围成，只要找到定位钮（凸线和凹槽）拼接不会太难。但是上面许多小部件都是竖粘的，建议从前到后，一件件安装。舰桥顶部有一圈栏杆，放到后面再装。

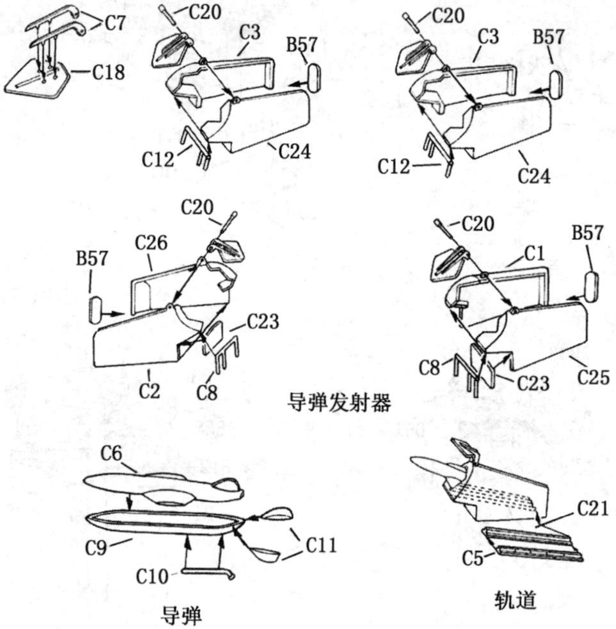

图 9-1-3　导弹

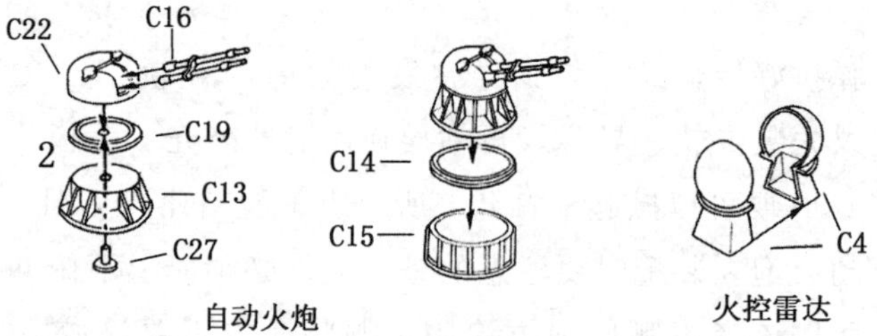

图 9-1-4　火炮

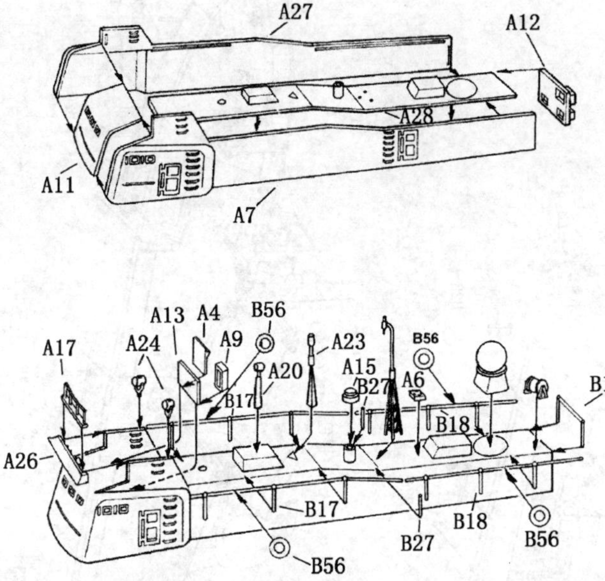

图 9-1-5 舰桥

(4) 甲板的组装见图 9-1-6。先安装舰桥、导弹发射架、前后自动火炮等主要部件，再装小件，最后装周围栏杆。栏杆与甲板间是点接触，根据前面介绍的办法仔细胶牢，也可用 502 一类快干胶水胶。

无线电垂直天线（拉丝）用边角料加热至软化，拉成长丝，冷却后选用。

(5) 船体组装。如图 9-1-7 所示，待到所有零部件装好后，装入电池，检查电动机运转情况无误后，通过船尾处 2 个卡扣扣住甲板后边沿，船首部有一个螺孔用螺丝使甲板固定在船体上。

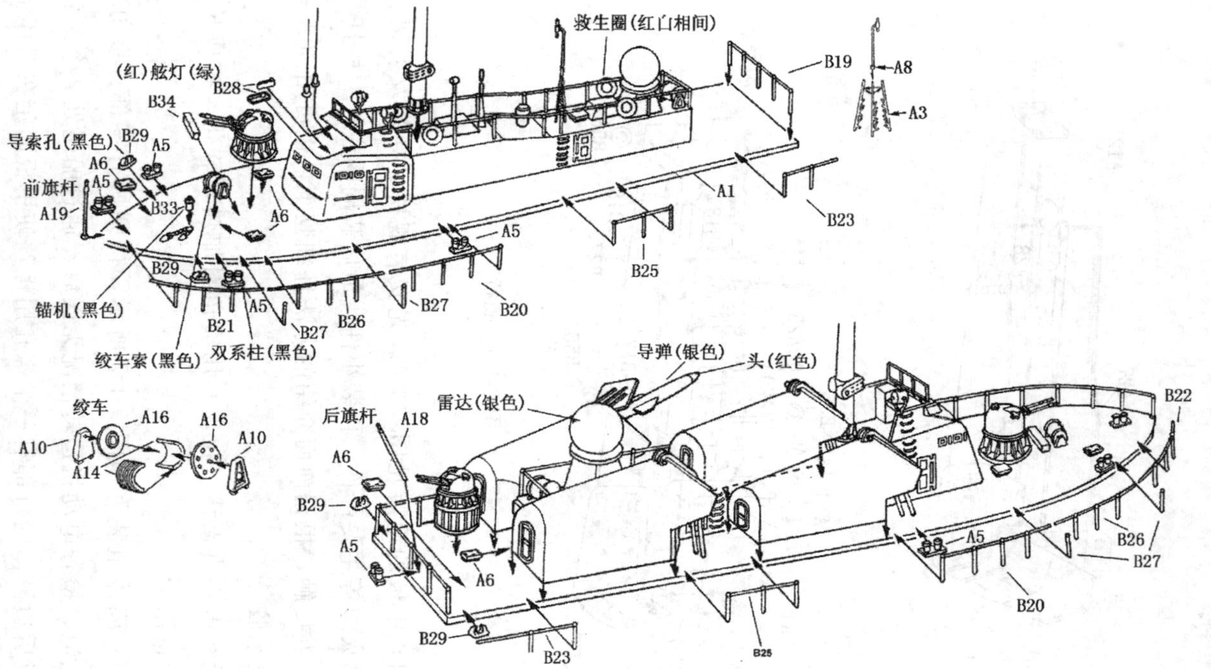
救生圈(红白相间)
(红)舷灯(绿)
B28
B34
B19
A8
A3
导索孔(黑色)
B29
A5
A6
A5
前旗杆
B33
A19
A6
A1
A5
B23
B25
B29
锚机(黑色)
B21
A5
B27
B26
B27
B20
绞车索(黑色)
双系柱(黑色)
导弹(银色)
头(红色)
雷达(银色)
绞车
A16
A16
A10
A10
A14
后旗杆
A18
A6
B29
A5
A6
B22
A5
B26
B27
B20
B29
B23
B25
图9-1-6 甲板

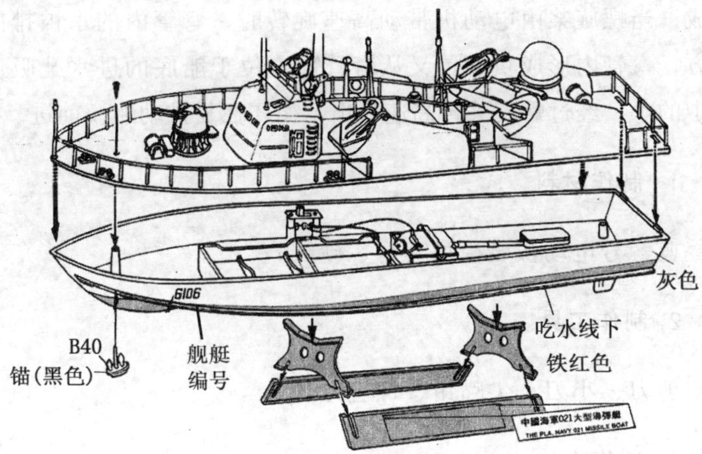

图 9-1-7　船体

最后，锚要粘在船首两舷边上。再将舰艇编号（印花）沾水后装饰到艇首旁边的位置上。

(6) 涂色参考：舵、锚、天线、火炮口、带缆桩、导索孔、锚机、铰车用黑色；救生圈用红白色相间；圆球形雷达、导弹用银色；导弹头部用红色；甲板用暗橘红色；吃水线下船身用铁红色；其他则用灰色。

二、蓝鲸号电动快艇制作

蓝鲸号电动快艇为第四届“我爱祖国海疆”全国青少年海模比赛用船。它从外形上看不到螺旋桨，只在船尾处可见一个圆洞。航行时，水从船底的进水栏栅吸入，从尾部排水洞喷出。其上层建筑呈流线形，与甲板连成一整体，除了两侧和舱顶的拉手栏杆，4 根天线和一些舷灯、系缆桩等要仔细黏结外，其他就是用粘贴纸美化的工艺。蓝鲸号航行的好坏关键是安装在船舱内的“喷水”装置。它是由 2 节圆管拼接成形的密封弯管和一个内置的螺旋桨组成。当螺旋桨由电动机带动高速旋转时，弯管内的水被排向船后方，弯管内形成负压，又从弯管前方位于船底的进水孔吸进水池中的水，经过螺旋桨再高速喷出，循环往复推动船模前进。

1. 制作材料

蓝鲸号电动快艇模型套材、砂纸。

2. 制作工具

剪刀、小刀、尖嘴钳、螺丝刀等。

3. 制作方法

蓝鲸号电动快艇的安装步骤详见图 9-2-1～图 9-2-3。

蓝鲸号推进装置也是利用螺旋桨打水推进的原理，但螺旋桨叶片在弯管内的位置、转速与功率的大小、进水口的孔径等都会影响它的运行。当螺旋桨转速过快时，会造成“空泡”现象，反而无水喷出。这时需要适当调整桨叶在弯管中的位置，使弯管前

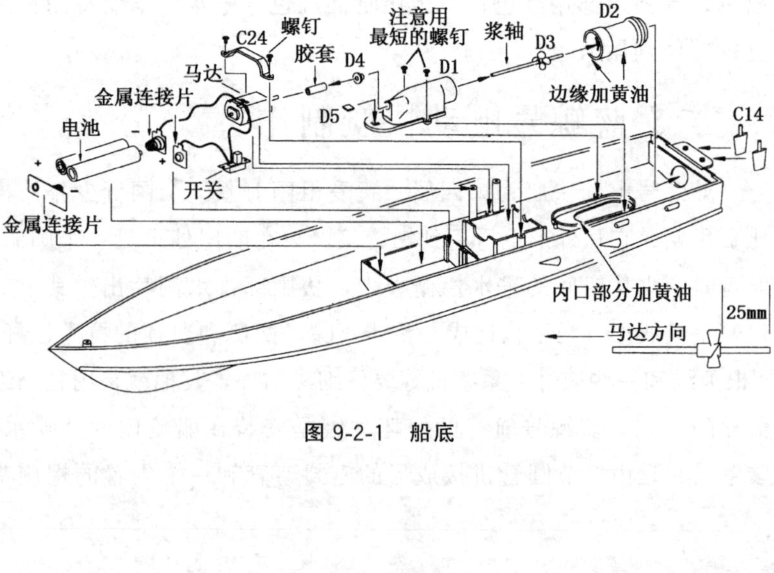

图 9-2-1　船底

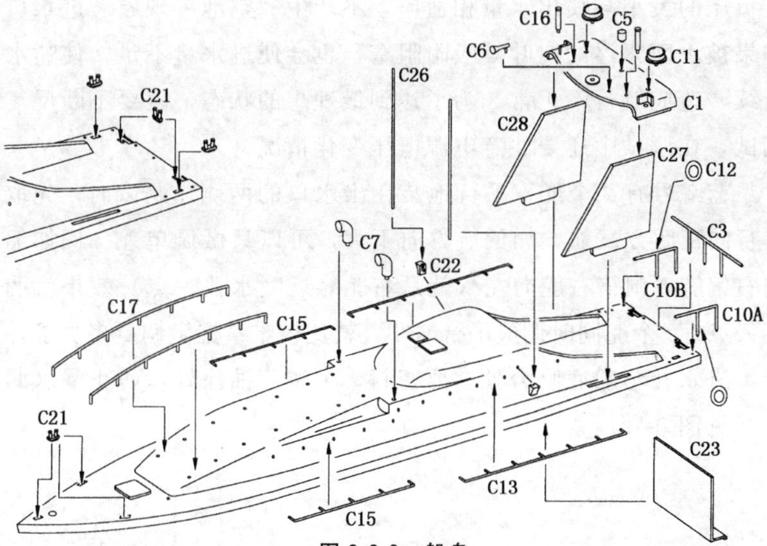

图 9-2-2　船身

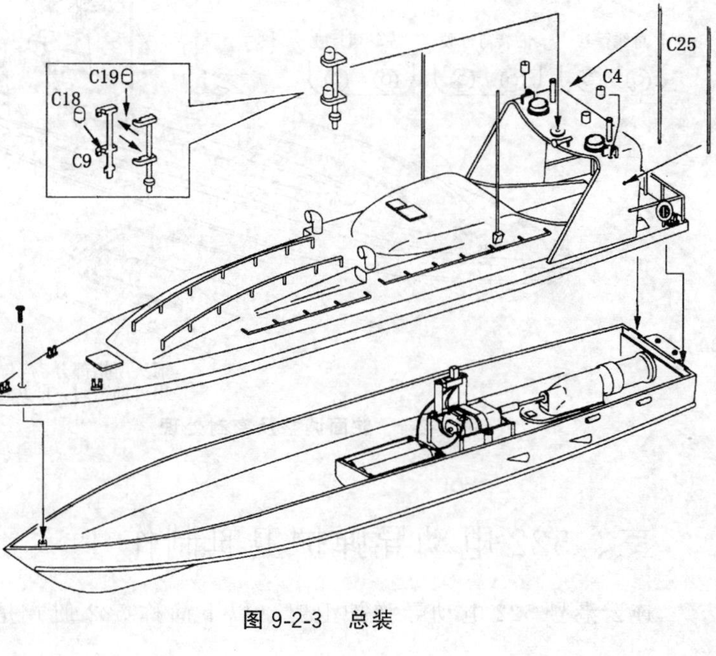

图 9-2-3　总装

方负压的大小与喷出水量相适应，不产生“空泡”现象。进水口如果被水面飘浮的树叶等吸附阻塞，也会使进水量不足，使喷水断续，造成航行不正常。为了达到最理想的状态，就要不断反复调试，在调试中还要注意电源电压变化情况。

蓝鲸号有 2 个舵，平行地装在出水口的两侧。调试时，先取平行向正后方试航，如偏航方向不大，可以只微调单舵。例如船向右偏航，调整右舵向左（就是右舵靠近喷水孔一点）效果就明显一点。2 个舵同时调成平行向左，就比较难掌握微调量多少了。

进水孔与船底吻合处，要密封，可用黄油涂好，防止漏水漏气，见图 9-2-4。

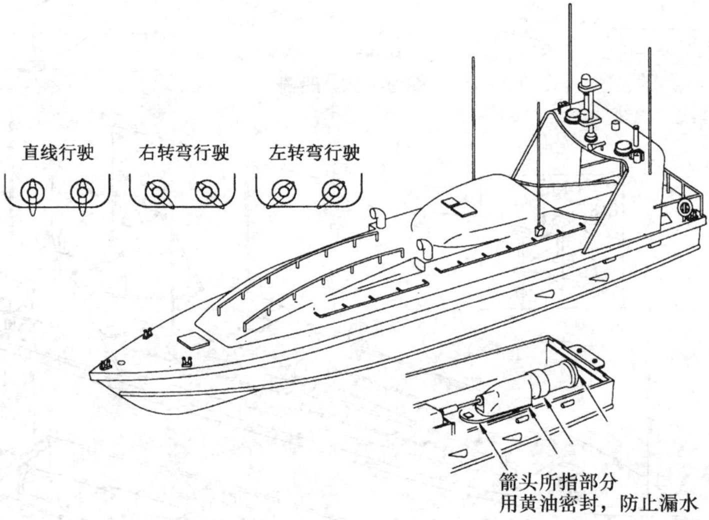

图 9-2-4　舵面调整及密封处理

三、522 电动导弹护卫艇制作

连云港号 522 电动导弹护卫艇（以下简称 522 艇）是 2002

年第五届“我爱祖国海疆”全国青少年海模比赛用船，由西西利模型厂生产，见图 9-3-1、图 9-3-2。

护卫艇是一种用途广、排水量小、航速较快、航行轻便灵活、机动性好的作战舰艇，它的主要任务是保护舰队航行安全、执行海上警戒、巡逻和侦察等任务，参见本书前面江湖级导弹护卫舰资料。从模型的角度来看，它较好地反映了 522 艇的主要武

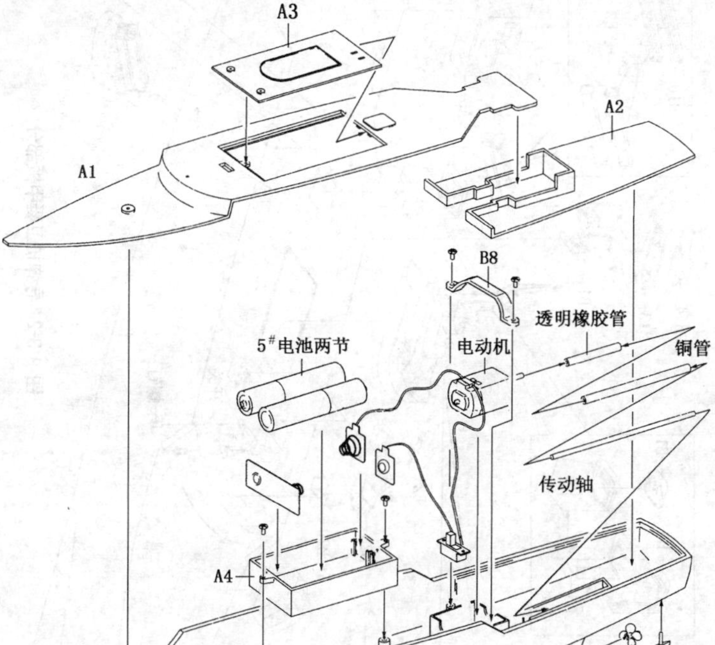

图 9-3-1　导弹护卫艇船舱部分

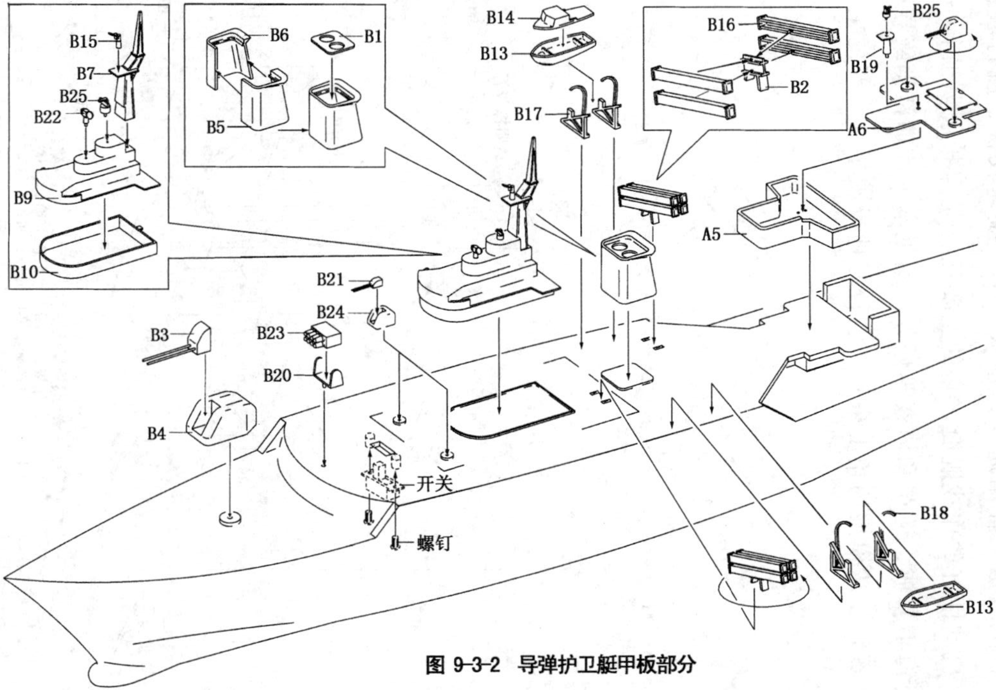

图 9-3-2　导弹护卫艇甲板部分

器装备，但是在制作工艺上却尽量简化，减少学生在制作中的困难，使参加全国比赛的学生能够在当场限时、独立地完成模型的制作和调试任务，并把现场独立制作成绩作为评分内容之一。

1. 制作材料

522 艇套材、配重物。

2. 制作工具

小刀、尖嘴钳、镊子、螺丝刀。

3. 制作方法

（1）船身安装。先将 A4 电源盒装好，电源接触片插好，安上电动机。因为 522 艇在出厂时已经把整套电路都焊好了，这就便当多了。通电检查：电路是否正常？电动机是否转动？开关是否灵活有效？

安装轴套、传动轴：这部分主要工序安装轴套出厂前已经完成了，只要装上螺旋桨，从铜管尾部插入，与电动机轴用透明软管连接　　注意的是透明软管不要碰两端（电动机的端盖和轴套铜管　　以免造成阻力。

安装球鼻 B11：注意 B11 上有 2 个定位钮凸起，须对准后粘上，522 艇的舵很小，舵柄很细，容易折断，先不要装上去，要等全部完成后再装上去。

（2）上层建筑的安装。522 艇的上层建筑及武器装备的制作难度不大，可以按图从艇首向艇尾依次安装。

将双联装火炮 B3 粘到炮座 B4 上，炮座 B4 装到甲板突出的炮座圆盘上，要能在水平方向旋转，不用粘牢。

B23、B20 是对空导弹，将 B23 与 B20 粘牢，再将 B20 与

B23 插入甲板。

烟囱：B5、B6 先黏合，再粘烟囱顶 B1。

将舰导弹 B16 与发射架 B2 黏合后，装到烟囱的前后方甲板上（有定位钮可寻）。

将救生艇 B13、B14、B17、B18 黏合后，装在烟囱的左右两边。

后甲板上还有雷达 B19、B25，后主炮 B21、B24，A5 与 A6 黏合后装到主甲板 A1 上，再来装 A3 中甲板上的上层建筑，制作的方法相同，至此已基本完成拼装任务。

主上层建筑 B9、B10 等要粘得牢一点，因为 A3 板下面是电池盒，更换电池时经常要打开。

（3）最后安装螺旋桨和舵。螺旋桨有 2 个，根据电动机旋转方向选用；也可以根据螺旋桨转向，如出现倒转则调整电源正负极接线。

舵柄很细，在调舵前加点润滑油，轻轻转。

螺旋桨分左右，即“L”“R”桨。如果你的船下水后倒着航行，请将螺旋桨换成另一只即可。

请将铜管用胶水固定在槽内，并在胶水干固后检查有无漏水。

四、离心推进式南湖船制作

历史上有名的南湖船，有许多模型，本文介绍的是又一种用离心泵喷水推动前进的电动自航式模型。其外表与真的南湖船很类似，采用注塑工艺生产。

1. 制作材料

南湖船（离心式推进）。

2. 制作工具

小刀、尖嘴钳、镊子、螺丝刀。

3. 制作方法

该船模的安装过程参见图 9-4-1～图 9-4-2。

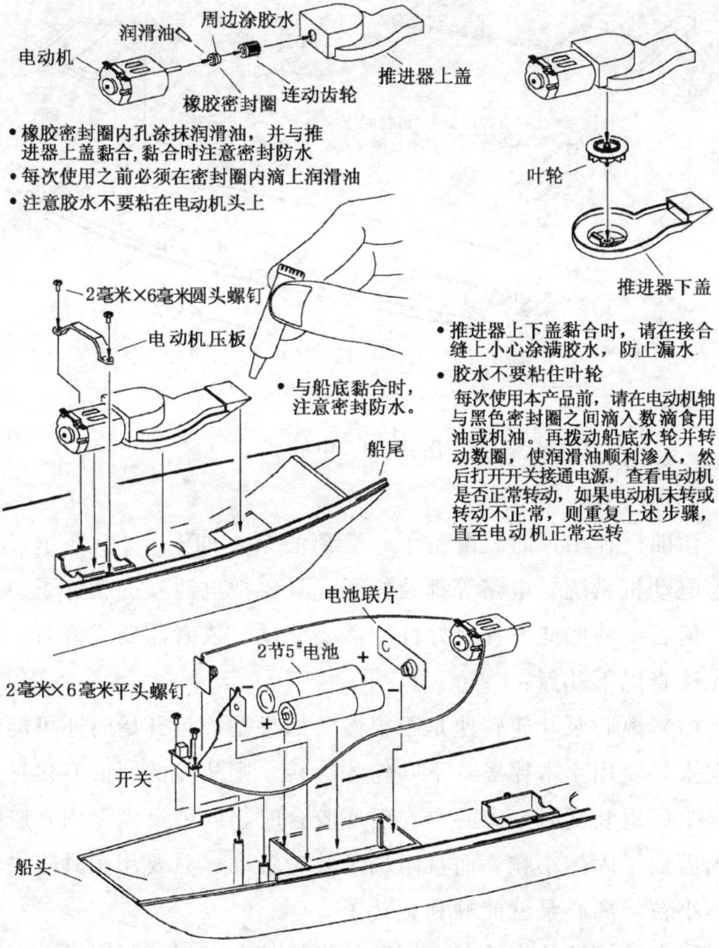

图 9-4-1　电动部分

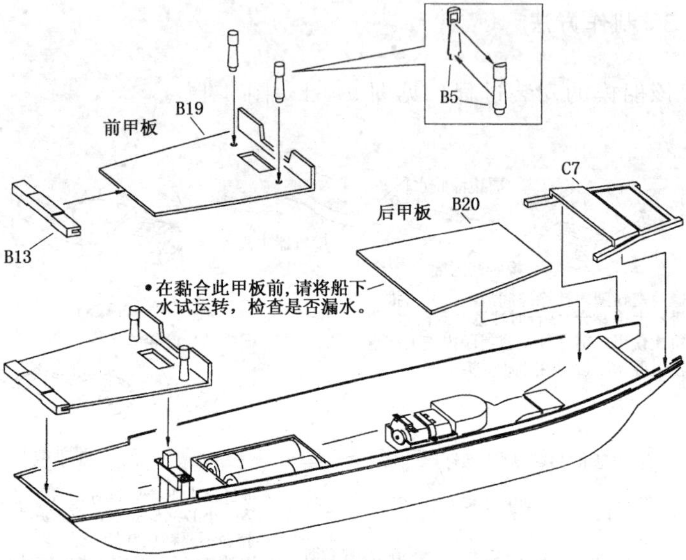

图 9-4-2　甲板

该船模在出厂时就配备了一套离心泵，如图 9-4-5 所示，而且连电动机系统、电路等都装好了，只要把电池安上就好了。

但若要使船能发挥最好性能需要调试，或者需要维修时，建议先检查以下几点：

(1) 离心泵叶轮转速是否很慢。如果是，且开始时还可能转不起来，要用小木棒拨一下叶轮才会转，则故障的原因有多种：

①厂里装配时，离心泵与船底胶合时，胶液渗到泵内，胶液凝固后成了固体小粒，而且阻挡了叶轮转动，只要用工具除去这固体小粒，离心泵就能顺利旋转了。

②电动机轴的齿轮与水泵轴的齿轮啮合不好，阻力大。电动机轴端通过橡胶轴瓦插入泵壳，与泵轮轴呈 90°，两轴用齿轮组啮合

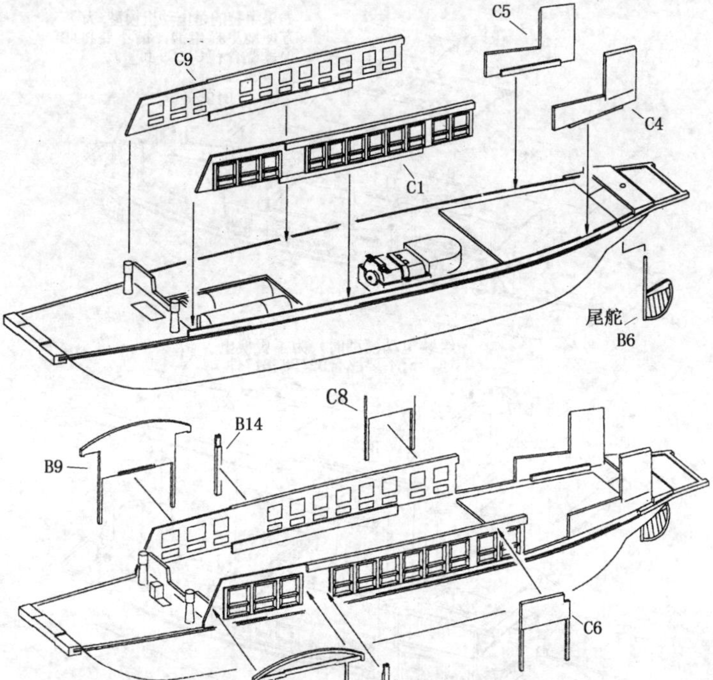

图 9-4-3　船舱部分

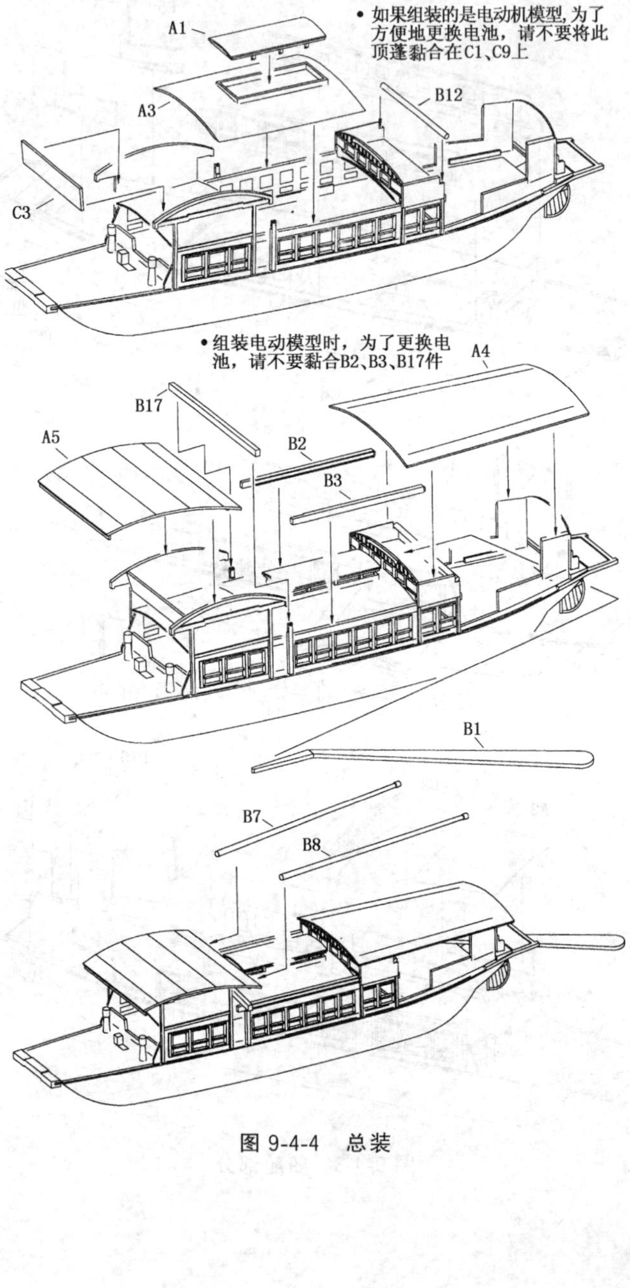
A1
A3
C3
B12
• 如果组装的是电动机模型，为了方便地更换电池，请不要将此顶蓬黏合在C1、C9上
• 组装电动模型时，为了更换电池，请不要黏合B2、B3、B17件
A4
B17
A5
B2
B3
B1
B7
B8

图 9-4-4　总装

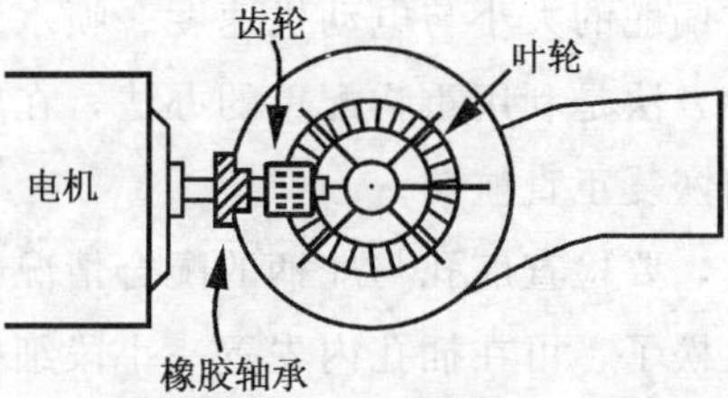

图 9-4-5　离心泵

（见图示），太紧和太松都不合适，必要时可稍移动电动机安装位置，使啮合的紧松程度恰当。

③橡胶轴瓦孔径太紧，造成阻力太大。可以用自行车钢丝磨一根尖针，细心地扩大一点橡胶轴瓦的孔径。但也不要扩大太多，否则会造成漏水。

（2）电动机轴端的齿轮是否装反或脱落。如是，则需要重装。重装时不要硬性地把电动机轴连着齿轮从水泵壳中拉出来，应该先把橡胶轴瓦与泵壳分离，露出壳体上小孔，再仔细从小孔中退出电动机轴及齿轮，待调整好后依原样塞入。然后调节啮合情况，使电动机在良好啮合的情况下固定位置，最后塞好橡胶轴瓦，使它既灵活运转，又不会漏水。

（3）离心泵是否脱落。发现脱落就要重装。重装时必须使齿轮保持良好啮合，泵壳与船底的位置要正确。用套件中配备的黏合剂将泵体粘牢固，干透后要浸在水中检查有否渗水。

（4）离心泵喷水口正对船后方，而离心泵喷水是沿叶轮边切线方向集中水流的，出水的路径有点像数字“6”的形状。如图 9-4-6 所示，当离心泵工作，叶轮逆时针转，水流从下方喷管喷出时，先喷到管壁 A 处再折向 B 处，使船尾受到一个向右推的力，船的航向偏左。因此，舵在正直时，船不一定笔直向前，应该仔细调直。这偏舵的大小与电动机速度、喷水量多少都有一些关系。还有一种方法是利用重物配重的办法，在船的一边加少许重物，也能使船恢复正直航向。

（5）安装时，要检查舵孔与舵柄的配合情况。太紧时要稍加扩展；若已经太松了，可在插孔内先置一小段细橡筋，使舵柄既能轻轻转动，又不致太松。

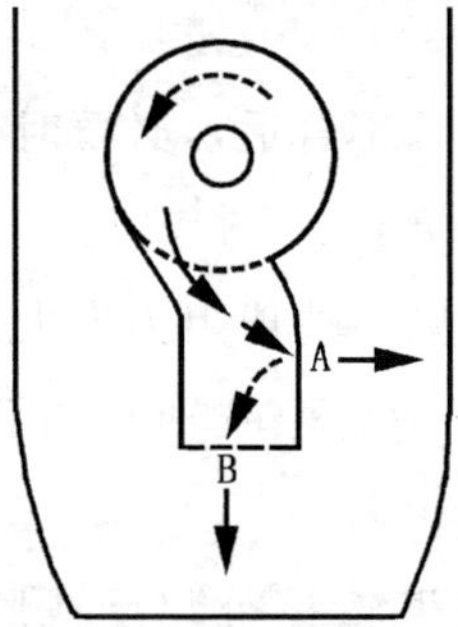

图 9-4-6　离心泵出水方向

第十章　构架式木质船模制作

构架式模型的优点是：船体型线准确，船体结构和制作工艺与实船相似，船体质量较轻，内部空间较大，便于安装各种设备。同时制作时使用的工具也较简单。

一、制作方法

现以 H-5 交通艇为样板介绍此类模型的制作方法。

在制作前，首先要了解制作此类模型需哪几张图纸。制作构架式模型要有总布量图的型线图，如有可能，最好有重要的零件图。一般来说，此类初级模型给初学者制作的模型图纸较完整，往往会附有部件总装配图、动力安装示意图等等。

总布量图又称总图，它是根据投影原理在侧（见图 10-1-1）、俯（图 10-1-2）、前（图 10-1-3）、后（图 10-1-4）四个方向上的视图，来表示全船各部分的形状与布量。可以使我们了解全船的概貌及舱面上较大零部件的外形、尺寸、位置等要素。在看图纸时应将各视图互相对照起来看，结合平时积累的知识，搞清楚自己要做的模型的基本情况。

型线图（图 10-1-5）专业上称为横剖面图，是沿船体中心线等距离切割船体后所得到的各个剖面形状，并投影到一个平面上。由于船体是左右对称的，因此只要绘出一半即可。按船舶制图的习惯，中心线的左面是船尾到船中部的剖面形状，右面为船首到中心线的剖面形状。这样绘制使图形大为简化。图 10-1-6 为船模的纵剖面图。

型线图是制船体肋板的重要依据，又被称为肋板线，肋板是

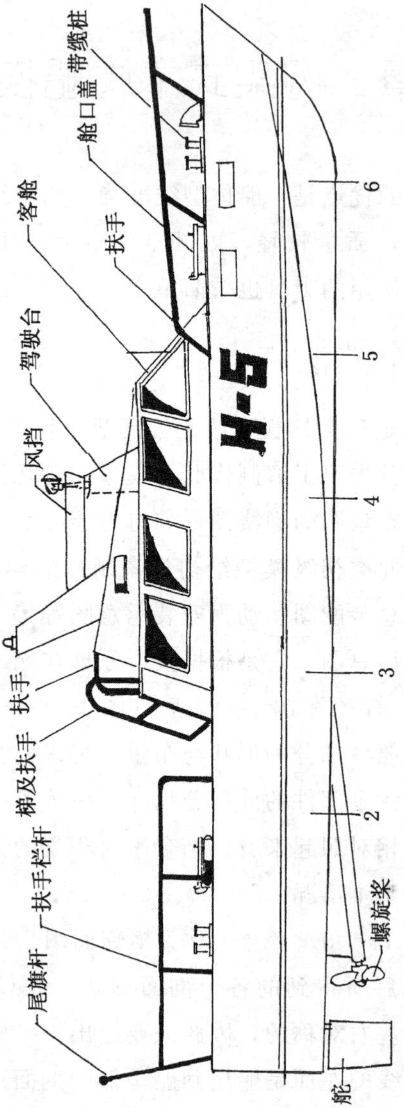

图10-1-1　侧视图

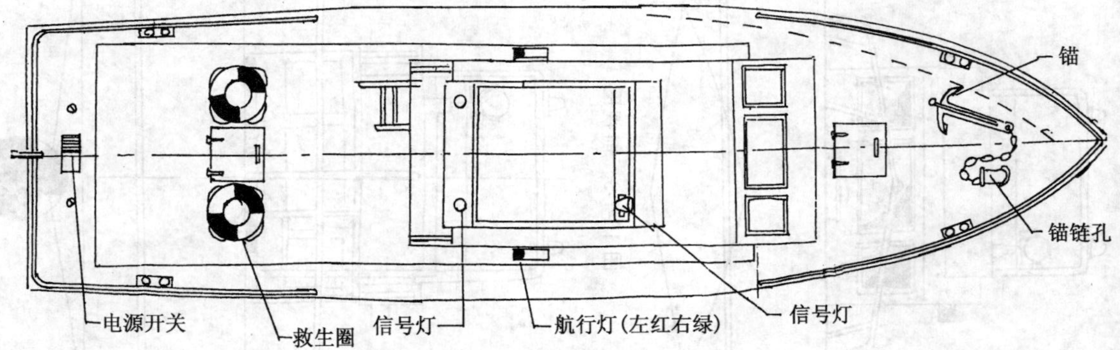

图10-1-2　俯视图

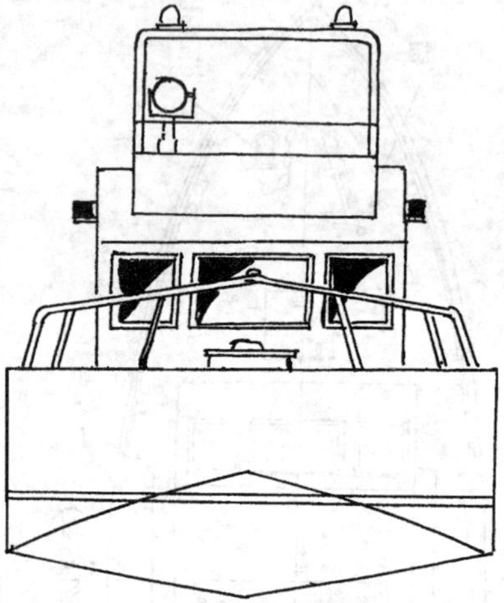

图 10-1-3 前视图

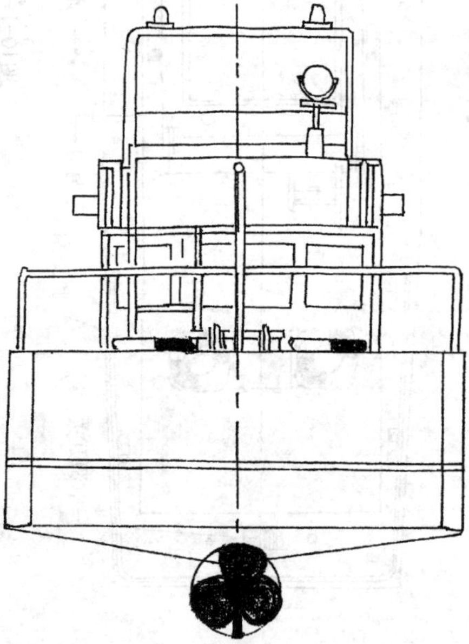

图 10-1-4 后视图

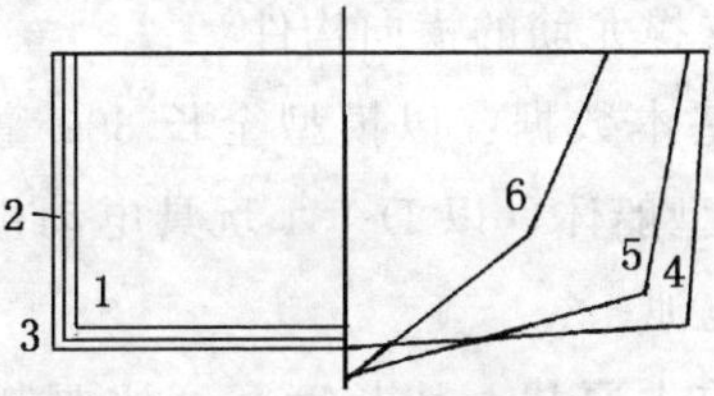

图 10-1-5 型线图

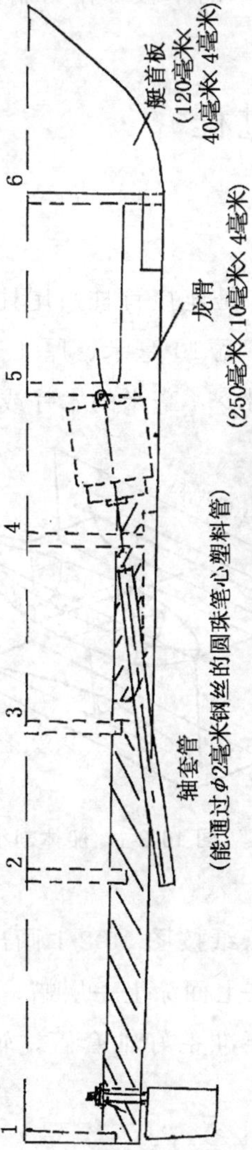

图10-1-6 纵剖面图

保证船体型线，支撑龙筋的横向构件。

H-5 交通艇基本数据：以模型全长 300 毫米，宽 80 毫米，深 28 毫米，折线型船体，以 D-131 玩具电动机为推进动力，电源为 2～4 节 5# 电池。

在制作模型前先要找一块长度宽度比要制作的模型稍大一些，厚度大于 20 毫米的木板，作为制作模型的工作台面板。这块木板需要刨平。

二、制作过程

1. 龙骨

龙骨纵贯船体，是连接首柱、尾柱和各块肋板的重要构件，龙骨用长 250 毫米、宽 10 毫米、厚 4 毫米的木条制成，艇首板用 120 毫米×30 毫米×4 毫米的木片或三夹板制成。

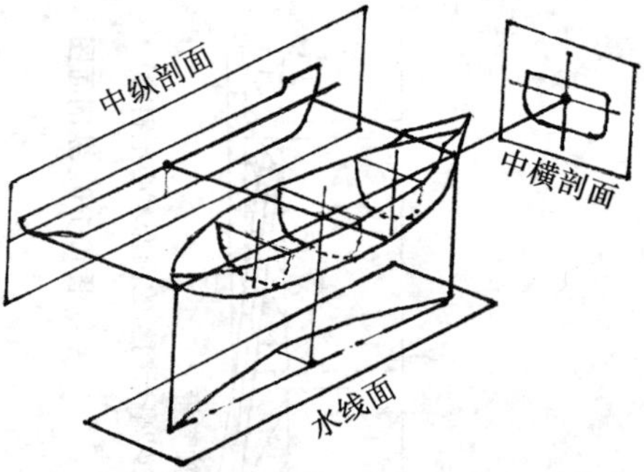

图 10-2-1　船体剖视图

制作前先取一张纸按图 10-2-1 画出中纵剖面图，后用图钉钉在工作板上，并在上面涂上一层蜡，防止胶水粘住图纸。

在制龙骨前先要准备好轴套管，轴套管可选用薄壁的铜管

(外径 4 毫米、内径 3 毫米）或能穿过螺旋桨轴的塑料管等空心材料，长度不能小于 100 毫米。

取龙骨木条按图中尺寸在各个肋板部位处刻出缺口。同时也将艇首板图样在板上绘出并锯好后，用砂纸修整形状。

在拼接龙骨时，先将艇首板用大头针固定在工作板上，然后将龙骨放在首柱下面，看拼接的地方是否吻合。不吻合则要进行修整，直至互相吻合后，方能进行胶合，并用大头针固定。轴套管的拼接也以同样的方法进行，见图 10-2-2。

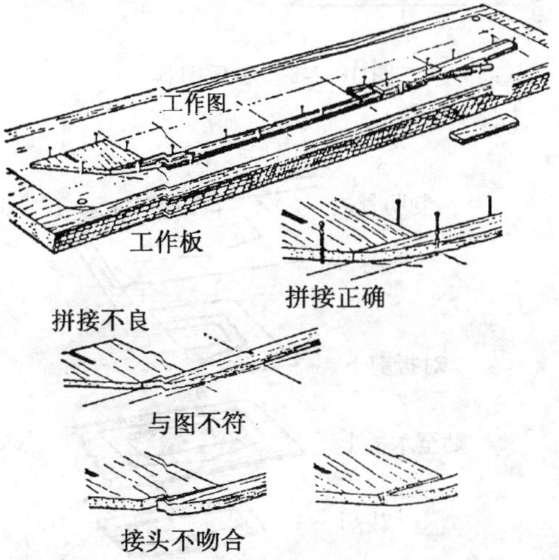

图 10-2-2　拼接龙骨

2. 肋板

本模型共有 6 块，见图 10-2-3、图 10-2-4，可用三夹板制作。先用纸将每块肋板样子复制下来，按中心线对折后剪下，展开后就是每一块肋板的形状。将纸样粘在三夹板上用锯子或刀将每一块肋板加工出来。2～5 号肋板中间要掏空，以便安装电动机和放置电池。每一块肋板要开出嵌放龙骨和龙筋的缺口。缺口

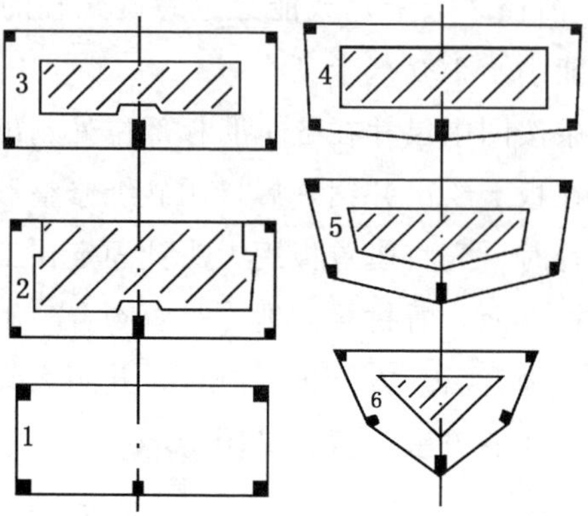

图 10-2-3　肋板图样

制肋骨

描图

对折剪下

贴至木板上

裁割

开槽

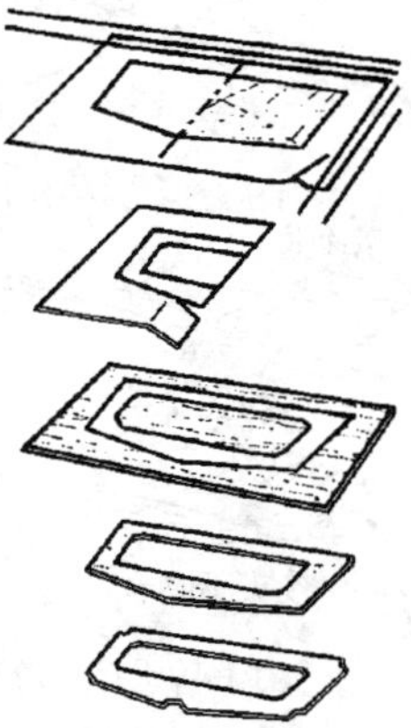

图 10-2-4　制肋板

的大小要合适，太松太紧都不行，缺口开得过深会使龙骨龙筋低陷，影响以后包覆船壳板，也会破坏船体外形。为了开好缺口，可用废钢锯条制作 2 把刀口宽 3 毫米和 4 毫米的平口小刀，作为刻缺口的工具，这样的刀使用方便，开出的缺口大小也正好。

3. 拼构架

本模型为初学者设计，制作简便。甲板为平直型。制作船体时以甲板面为基准面，直接覆在工作板上，将船底朝天进行构架安装。制作前先按图 10-2-5 的样子绘出甲板形状和各肋板部位的工作图，钉在工作板上，将甲板边缘的龙筋（截面为 3 毫米×3 毫米）用大头针固定到工作板上，依次嵌上肋板。每胶一块都要用直角三角尺检查是否互相垂直，最后装上船的龙骨和舭部龙筋。每一部件安装前都要进行检查，确认无误之后再涂胶黏合，并用大头针固定。

4. 蒙船壳板

蒙板工作也必须在工作板上进行。当构架的胶水完全干后，先将位于船体内部或扣住构架的大头针拔去，以免板蒙好后从工作板上将船体取下时很困难。为使船壳板粘得平服，需将 5、6 号肋板边缘修成斜面，与龙筋走向一致，见图 10-2-6，船壳板选用 1 毫米厚的松木或桐木片。为节约材料，可先取一纸条覆在构架上画出纸样，然后在木片上裁割，割出木片后进行蒙板。蒙板时从尾部向首部进行，先蒙船体两舷，涂胶后用大头针固定。船壳板与龙筋、肋板的黏结要牢固。待胶水干后，沿船舭部龙筋用刀修去多余的木料，舷边要与舭部龙筋齐平，再蒙船底板。

粘 6 号肋板前要用小木块先削出船首部大致的形状后粘上。待胶水完全干透后，用小刀、木锉刀和砂纸进行修整，直至满意为止，见图 10-2-7。

只有等胶水完全干后，才能将船体从工作板上取下，否则会引起船体变形。如果薄木片取材困难的话，可选用马粪纸、卡纸、扑克牌纸等来代替木片，粘贴方法相同，只是制作后需在船

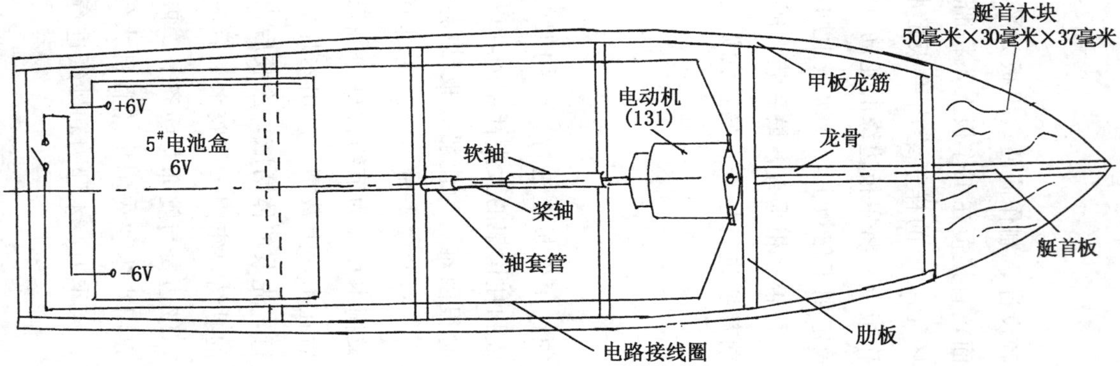

图10-2-5 甲板及肋板位置

体内外涂上一层清漆，防止纸受潮软化渗水。

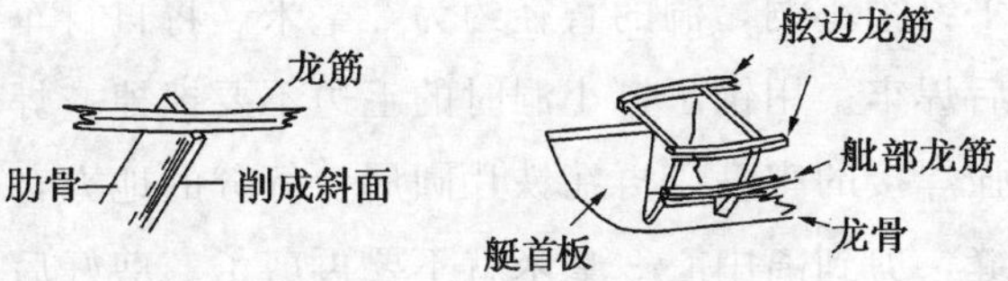

图 10-2-6 削 5、6 号肋板

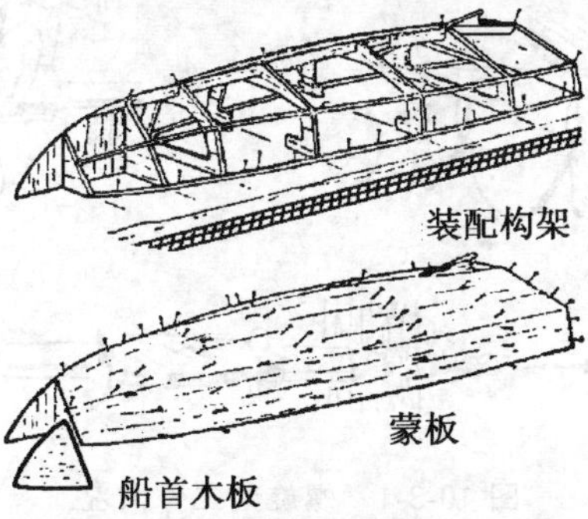

图 10-2-7 拼装船体

三、动力安装

本船动力由电动机、轴、推进器和电源组成。

动力装置的制作和安装质量，会直接影响模型航行性能，不能有丝毫的马虎。

轴取材普通的自行车辐条（直径 2 毫米）。现在的船舶大多用螺旋桨作推进器。真船的螺旋桨中心是桨毂，桨叶倾斜并安装在毂上。当它由发动机带动旋转时，像螺钉在水中“拧”一样，推动船前进，见图 10-3-1。

推进器的制作方法有两种。最简易的方法是找一块直径为

16～18 毫米的圆铁片或圆铜片（可用易拉罐铁皮剪成）。中间圆心处用锥子钉个小洞，洞的直径约为 2 毫米。将自行车钢丝穿过中心小洞后焊牢。用锥子钉小洞时的毛边不要锉掉，焊轴时利用它正好加强焊接的牢度。再在铁片圆周三等分的地方，向圆心位置剪 3 条缝，剪到离中心 3 毫米就不要再剪了。剪好后，将 3 片叶片按同一方向扭一个角度，见图 10-3-2。

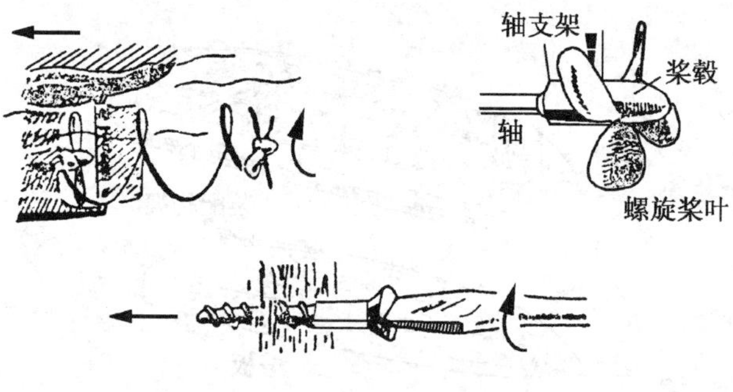

图 10-3-1　螺旋桨工作情况

图 10-3-2　制作螺旋桨（1）

另一种做法是利用自行车钢丝的螺母做桨毂，螺母拧到桨轴一端，多搪一点焊锡，将锡的外形锉磨成子弹头状，桨叶用稍厚一些的铁皮或铜皮制作。制作时，先画出桨叶纸样，覆在铁皮或铜皮上绘出后剪下，叠齐后夹在台虎钳上用锉刀修整外形，使 3

片桨叶完全一致。

焊接桨叶前，先要准备一个焊接架。焊接时，将桨轴插入架上的轴孔，在做好的桨叶根部先搪上一些焊锡，放在架子上进行焊接。焊上第一片桨叶后，将轴转动三分之一周，再焊第二片。这时要用湿布包住已焊上的第一片桨叶根部，以免它受热脱落。待 3 片桨叶全部焊上以后，再对桨的外形和桨叶的角度进行修正，使每一片桨叶尖部的角度小于根部的角度，最后用细砂纸将每片桨叶打磨光滑，并修清各种毛刺，见图 10-3-3。

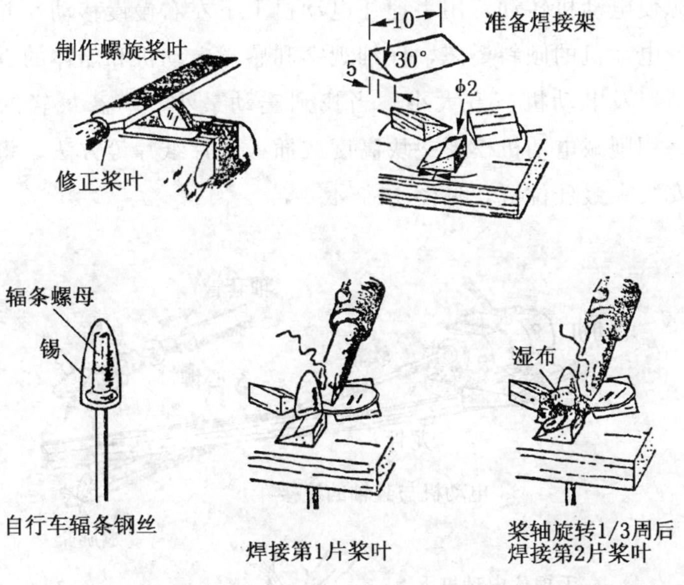

图 10-3-3　制作螺旋桨（2）

将制好的推进器插入轴套管，桨轴前端应伸出轴套管 10 毫米左右，将多余部分截去。桨轴与电动机轴的连接采用软轴，通常以自行车气门芯胶管充当软轴。两根轴之间不可以用直接固定的方式进行连接。因为在实际制作时，直接固定两根轴而要保证它们成一直线，是极其困难的。而要使桨轴的套管中心与电动机轴中心保持一致就更加困难。只要电动机轴、桨轴和轴套管三者稍有偏差，电动机转动时，就会发生抖动，损失功率。偏差严重时，桨轴卡死，根本无法转动。连接桨轴与电动机轴的软轴可以在略有弯曲的条件下传递扭力。即使如此，安装电动机时也应仔细调整，寻找一个最佳位置和姿态，使两轴尽量成一直线，这时工作效率最高。

在安装电动机时，可将电动机轴与桨轴用软轴连接后，接通电源使电动机转动，用手捏住电动机上下左右慢慢移动，并逐步改变电动机的倾斜姿态，仔细观察和感觉电动机和船体的震动变化情况及电动机声音大小。当找到震动最小、声音最轻的位置时，用削减电动机楔形垫块高度或插入木片纸片等方法，将电动机安装在最佳位置，见图 10-3-4。

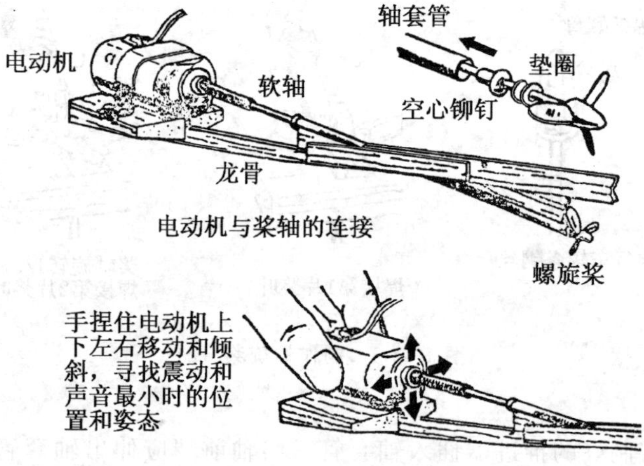

图 10-3-4　安装电动机

四、船体安装

舵是控制航行方向的装置，安装在船尾龙骨中心线处。舵叶剖面的形状为左右对称的流线形。一般用金属片制作。舵杆用自行车辐条钢丝带螺纹的一段，从螺纹一头截取 25 毫米长一段，将剪好的金属片与无螺纹的一端焊好，并将多余的锡修去，成为一个光滑的表面。在龙骨中装舵的位置钻一个直径 2 毫米的孔，而在龙骨的上下两面各放一块用橡皮制作的小垫圈，插入舵后用辐条帽拧紧，见图 10-4-1。

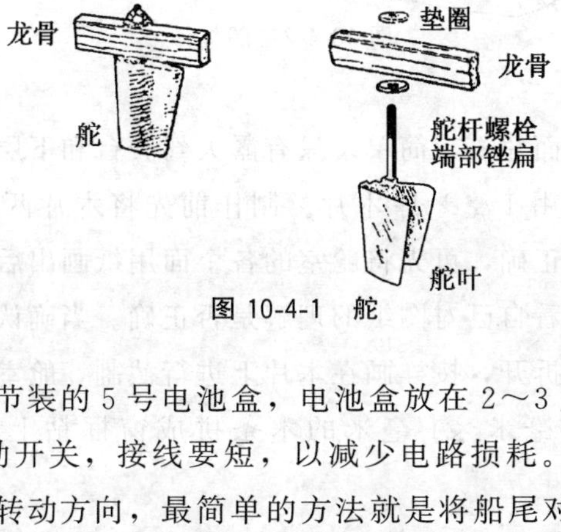

图 10-4-1　舵

选用 2 节装的 5 号电池盒，电池盒放在 2～3 肋板中，开关选 1×2 拨动开关，接线要短，以减少电路损耗。电路接通后，检查螺旋桨转动方向，最简单的方法就是将船尾对着自己的脸，打开开关，有风吹到脸上就表明连线正确。如果没有风，可将电源正负极接线对换。

甲板是船体的一部分，选用 1～1.5 毫米的木片拼合胶接。按图 10-4-2 留出中孔，便于维修、更换电池和装置高速舵。

各种船舶上均有船楼等建筑，其分割为驾驶室、工作舱室，供船员及旅客生活的舱室等。在模型甲板上也应装上必要的建筑和设备，这不仅使模型与实船更相似，更重要的是可以从中了解船舶的结构和装备的知识。

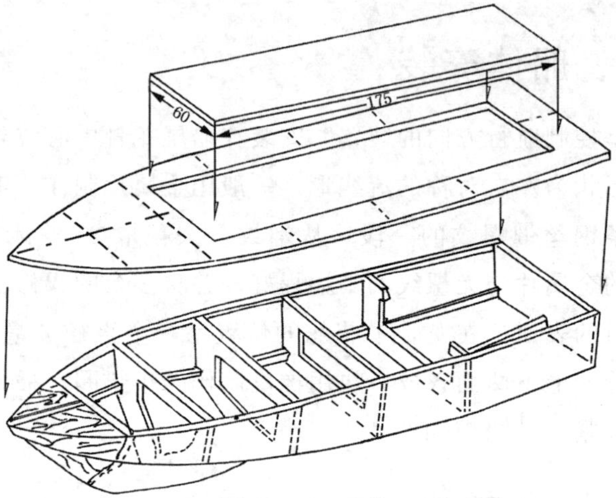

图 10-4-2 船体

本模型舱面建筑较简单，只有露天驾驶台和下层客舱。船桥的制作材料选用 1 毫米厚木片。制作前先将木片两面用砂纸磨光。为了制作正确，可先将舱室的各个面用纸画出后剪下，试着拼合一下，看看自己对图纸的理解是否正确。当确认无误后，将拼合好的纸样拆开，按样画在木片上进行截割，舱室上的窗孔要刻出，并用 1 毫米×1 毫米的木条拼成窗框粘上，最后按图 10-4-3拼合。

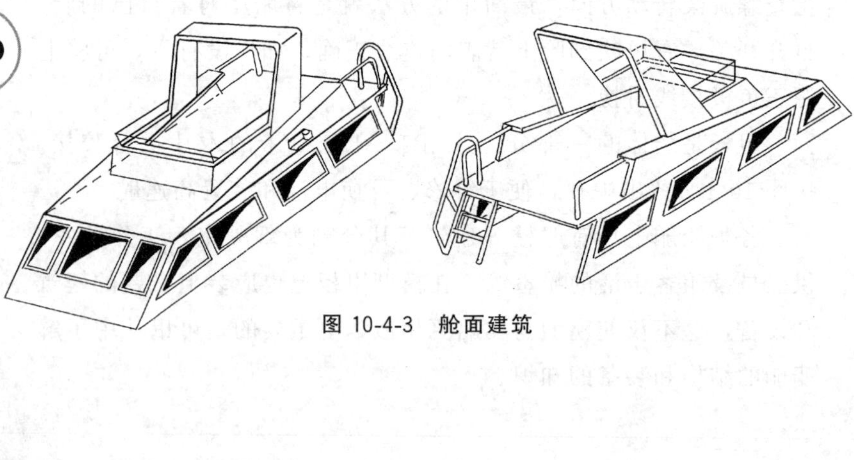

图 10-4-3 舱面建筑

五、其他设备安装

船上还设置有：由航行灯、信号灯组成航行信号设备；由锚、带缆桩组成系泊设备；由栏杆、救生圈组成安全设施等。

航行灯、信号灯可用细木棒削制，也可用直径差不多的塑料棒制作。具体的制作方法可见图 10-5-1。

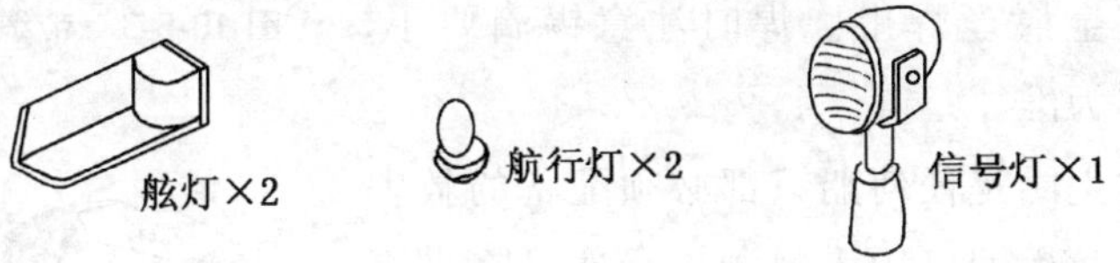

图 10-5-1　灯光设备

锚是船停泊时抛入水中，产生抓力来固定船位的器件。本船的锚为海军锚。可以采用厚塑料片制作，画出锚外形后进行加工成型，在锚爪尖处粘上 2 块小的三角片，在锚杆上打 2 个直径 1 毫米的孔，顶端的孔连接锚索，下面的孔插入一根细铁丝作为锚挡，见图 10-5-2。

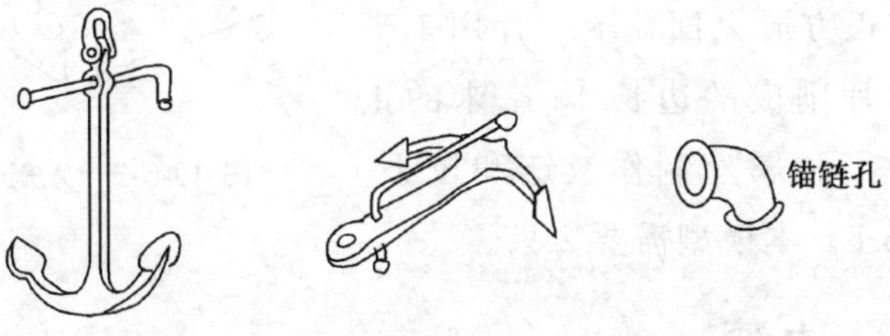

图 10-5-2　锚

带缆桩是固定在甲板上系船用的桩柱。制作时先将木条制成直径 2 毫米的圆棍，并截成 6 毫米长的一段，共需 8 段；再用厚卡纸或马粪纸做成 3 毫米×8 毫米的长方块，共 4 块。在纸板上指定位置打出直径 2 毫米的孔，插入制好的短木棍就成为带缆桩，见图 10-5-3。

栏杆可选用直径 1～1.5 毫米的金属丝制作。栏杆立柱可选用大头针，按图所示在甲板上用笔点出各立柱位置，插入大头针，按图纸所示对需弯折的进行弯折，然后将金属丝焊上。焊时注意锡滴要小，以焊牢为准。

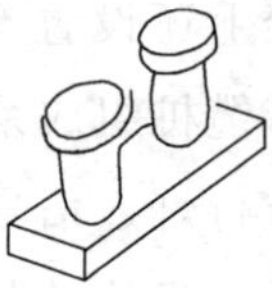

图 10-5-3　带缆桩

救生圈是任何船只都必须配备的救生用具。救生圈可用木料制作，选 2 毫米厚的木片，在上面画出直径分别为 7 毫米和 15 毫米的同心圆。制作时先将内孔打好，再修外圆，最后将圆环的截面修成长圆形，见图 10-5-4。本模型需要 2 只。

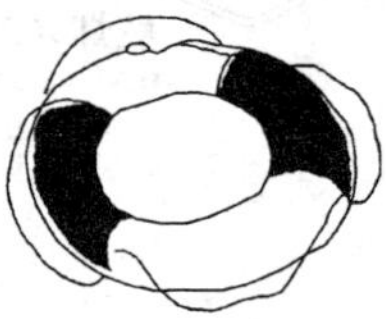

图 10-5-4　救生圈

入舱口是装在甲板上供人员出入的专用舱口。制作时可先用 4 毫米宽的木条围成一个边长为 13 毫米的正方形，在正方形上面盖上一片用 1 毫米厚的木片削成的边长 15 毫米的正方形，并用金属丝制作铰链和拉手，见图 10-5-5。本模型需要 2 只。

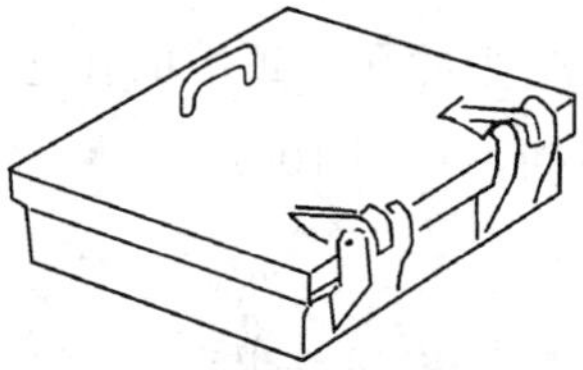

图 10-5-5　入舱口

六、油漆

经过以上的制作，一艘模型已初现雏形，但还有一道工序，就是油漆。油漆得好坏，将直接影响模型的外观给人的印象和模型的真实感。更重要的是木船涂漆，还能增强模型强度和防水能力。

上漆工序的具体操作方法，不外乎是砂磨、上底漆、对明显凹陷部分上腻子、腻子的砂平和上面漆等。这些方法在前面第四章里已有叙述，但构架式木制船模一般都比实体水线面模型大，船体上有一条水线的涂漆很重要，在这里详细介绍。

船体上有一条水线。这条线是真船满载正常航行时的吃水线，它是确定船只有否超载、能否安全航行的标志。

模型在涂刷水线时要根据设计图纸确定水线在模型船体上的位置。办法是将船体放在平整的桌面上，底部加上垫块，使甲板水平，将划线规调整到适当高度，绕船体一周，在船体上的划痕就是水线的位置。划线规也可自制，见图 10-6-1。水线位置确定后，可以用纸胶带把不需涂到这种漆的船体部分遮住。没有纸胶带也可用牛皮纸或蜡纸裁成稍宽的纸条，用糊精粘在水线处，溢出的糊精用湿抹布抹去，然后涂漆，漆干透后用水将纸条打湿后撕去，这样水线就整齐地显出来了。

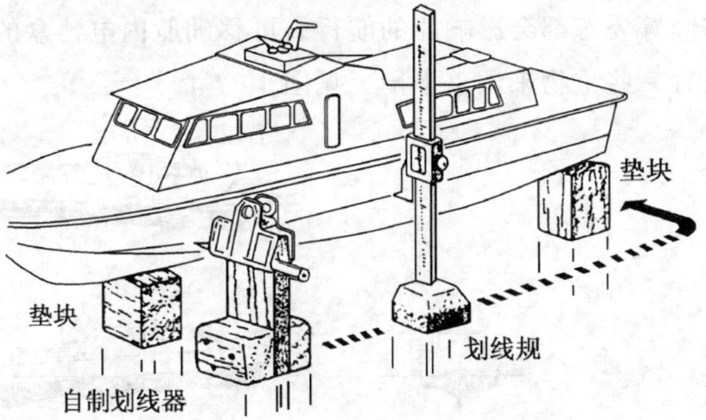

图 10-6-1　划水线

涂漆时要选晴朗的天气，因为风沙、灰尘都会给刚油漆好的模型带来麻烦。另外在油漆前需要把场地打扫干净。油漆时使用的工具、材料、溶剂要准备齐全。

涂漆时一定要注意安全，所用物品都是易燃品，要注意防火。

每次涂漆后要将物品收拾好，所用的漆刷或毛笔要洗净，用于洗笔的汽油不能随便乱倒，要按防火要求进行处理。

H-5 交通艇涂色参考：干舷用浅灰色；船桥用白色；栏杆用白色；甲板用铁红或深绿茶色；救生圈用红白相间或橙色；锚、系泊设备用黑色。

七、试航

本模型装有电动机，安装好电池后打开开关，会在水上航行。但要航行得好、航行得安全，尚需进一步调整。

在试航前先要在轴套管里加入一点润滑油，这既可以减少螺旋桨轴的转动阻力，又可以防止水从轴套管渗入船舱。

将船模放入水池让其漂浮，检查是否与设计水线符合。船头部分吃水过深，船尾抬起的为“首倾”，反之为“尾倾”。船体向左或右倾等姿态都会影响船的航行。可移动舱内电池盒的位置或另外放置一些重物来调整平衡，见图 10-7-1。

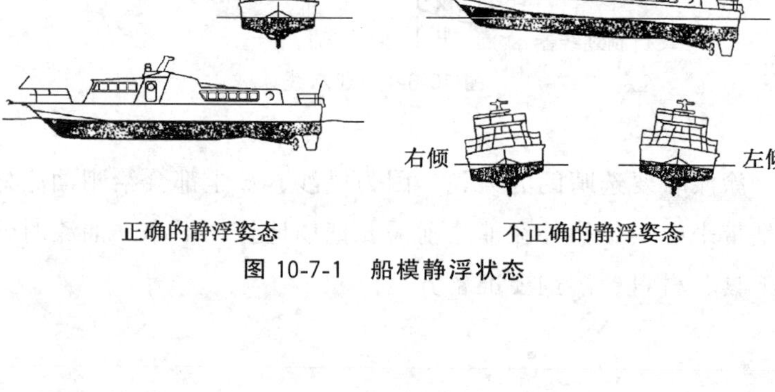

图 10-7-1　船模静浮状态

静态调整正常后，可作航行试验。打开开关，两手掌伸平扶船尾两边，船首对准前方选定的目标，轻轻松开双手，让模型沿着双手慢慢滑出，并观察模型在水面航行的航迹是否正直。如呈弧形弯曲，则要调整舵向；如航迹是笔直的，但仍偏离目标，那么要从放航手法、风力影响、船只是否平衡等因素上去考虑。经过多次重复，如船模总是偏向某一边，可以用舵向来调整，见图10-7-2。

航行最好选择无风或微风时。长时间连续反复试航后，电源能量迅速降低，可能调出来的航向即使直了，但一换上新电池又歪了。

图 10-7-2　试船

第十一章　简易外观船模制作

在船模中，有些可以在水中航行，称为自航模型或遥控航模；还有一类模型，外形非常逼真，制作非常精细，称之为外观船模或非航行船模。这一章介绍几种小型简易外观船模。

一、货运驳轮制作

货运驳轮就像火车的一节节车厢，既可以单独装货，也可以一艘艘装满货物后前后连起来，由一艘动力较大的拖轮牵引，像一列水上火车一样。

货运驳轮一般有一个简单的驾驶室（操舵室），大部分船体都是货舱，平底、宽体。因为不用动力行驶，所以船上的设备简单，船员也只有二三人，见图 11-1-1。

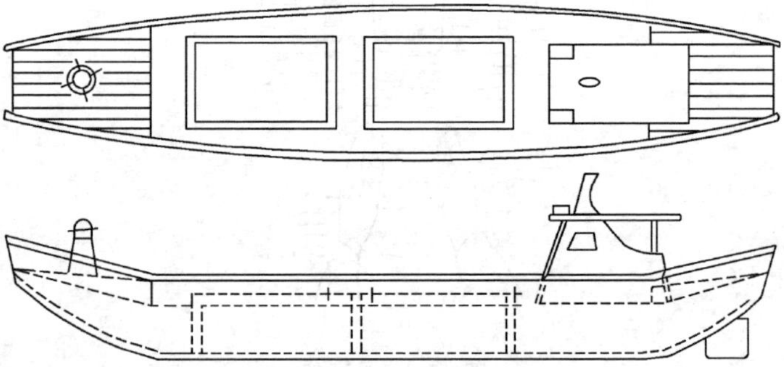

图 11-1-1　货运驳轮

1. **制作材料**

55 毫米×120 毫米×1.5 毫米桐木片 1 片，10 毫米×4 毫米×4 毫米桐木条 1 根，百得胶、木砂纸、502 胶水，0# 大头针若干。

2. **制作工具**

刀、尺。

3. **制作方法**

（1）船身。先将船身左右两侧舷板的图样画在 1.5 毫米的桐木板上，仔细用小刀切割整齐，两块要一样大小，砂光。再将船底图样画好并切割下来，船首及船尾部分要上翘，这可是关键的一步，要细心和耐心地制作。从图上找出开始上翘的部位，每隔 2 毫米用小刀在船底木板上刻一条刀痕，深度约为木板厚度的 1/2,见图 11-1-2。刻好后，一点一点向背面压折，使船前和船尾的底部形成一个上翘的曲面，在压折的过程中，要慢慢用劲，或者在圆形物体上（如杯子、瓶等）压折。

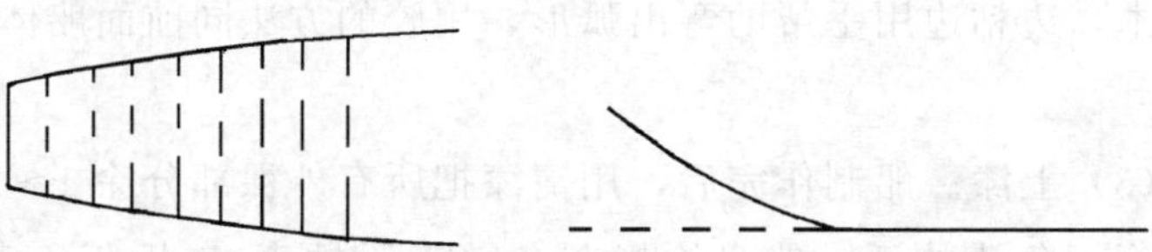

图 11-1-2　船底

做好舷板与船底后，可将它们胶粘在一起。从船头到船尾有一个弯曲的弧度，因此船舷侧板与船底不容易粘牢，往往粘了船头，还没有粘牢，船尾一撳，船头就脱开了。所以须先从船身中部胶起，向船头和船尾发展。在胶的时候，用502胶水一小滴，点在用百得胶初步粘牢的地方，这时，点过502胶水的地方，就变得很牢了，就这样一点点向船首尾两端粘过去，直到全部粘牢，再粘另一侧。

（2）甲板与驾驶舱。船甲板上有一个货舱口，用小刀仔细刻出货舱口，再用1.5毫米木片裁出宽2毫米的细木条，竖起来粘在舱口内侧四周，使木条底部与甲板下面相平，上边正好高出甲板0.5毫米成为货舱口。

船甲板外围与已粘好的船体还要进行一些调整，因为在黏结船体过程中，可能有些变形，这时用甲板放到空壳船体上去试一试，缝隙太大的地方，要进行修整，直到满意后再与船体胶合。

驾驶舱按图裁下并拼搭起来。在放到甲板后端时，注意甲板有两端翘的曲面，驾驶舱放置时，下沿要适当砂磨使之密合。

绞盘用4毫米×4毫米圆柱形木头制作。用大头针刺穿木柱，用钢丝钳剪短，成为绞盘。由于木头在大头针刺入时容易豁裂，因此建议先用细锥或手工钻头钻一个小孔，再刺入大头针就不会裂开了。

船边护木用1毫米×1毫米的细木丝制作，沿舷板上沿贴一条护木，边粘边用手帮助弯出弧形，用胶的方法同前面船体拼接方法。

（3）上漆。船制作完后，用清漆把所有外裸部分涂1～2遍。如果涂颜色漆的话，船身涂黑灰色（表示铁壳），甲板涂黄色，驾驶舱涂白色，货舱口及绞盘涂红，水线下涂红色。

二、乌篷船制作

这是一种流行在浙江绍兴地区的狭长形的小木船，乌黑色的篷，从船尾右侧伸出一支长长的橹形桨来，轻巧地在水中一划，船飞快地向前行驶，是什么人有这么大力气来划动这支长桨？原来这支长桨是用双脚蹬动的，船工坐在狭小的船尾，背后靠着一块竖插着的木板，双脚灵活地搁在桨柄上，让桨的另一端插入河水中，桨面对准船侧的后方，双脚用力一蹬，长桨把河水划向船后，船就飞快向前划去，见图 11-2-1。制作时，船底采用几片稍厚的木块叠起来削制的方法，制作工艺比薄片的容易一些，但是黏结要牢就要求有一定的黏结工艺。

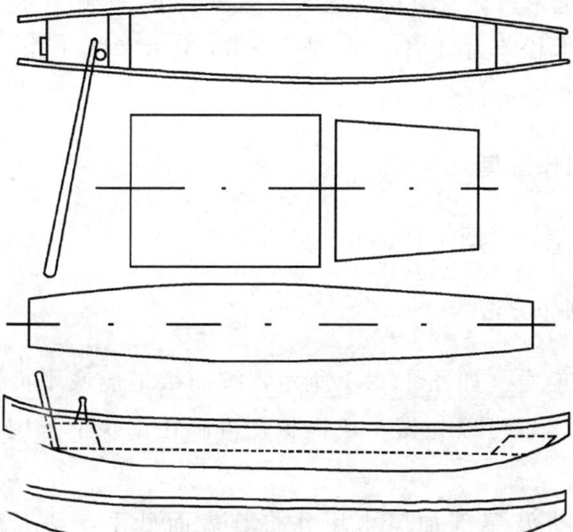

图 11-2-1　乌篷船

第一种用百得胶，将要黏结的木块表面砂平整，抹去木屑细末，用棉花签蘸少许百得胶，在待粘木块表面涂匀，不要有多余的胶。两面都涂好后，稍干就压上。

第二种用硝化清漆代替百得胶。

第三种是用百得胶加 502 胶，在百得胶胶好后，再在接缝处滴少许502胶，让502胶沿接缝流过并渗进去，干了就行。这几种胶法都能在很短时间内牢固地胶牢，不过有两点必须记住：一是表面要打磨平整，越光滑平整就越容易胶牢；二是用胶不宜多，胶要涂匀且涂得薄一些，则表面的胶分子相互结合得越牢。如果用502胶，要避免手指或皮肤沾上粘住。

1. 制作材料

100毫米×20毫米×5毫米松木块1块，120毫米×30毫米×1.5毫米松木片1片，35毫米×80毫米卡纸1张，百得胶、砂纸、502胶水若干。

2. 制作工具

尺、笔、画图工具、刀、剪刀。

3. 制作方法

（1）船身。如图11-2-1所示，按图纸把船底平面图形画在松木板上，也可以先做一块样板，再画在木块上。用小刀削出船底。

将船头及尾部加厚木块并将其表面砂平，粘上待干透再切削。

在木片上画出侧面船舷板图样，用小刀刻下，砂光。将舷板与船底靠在一起（暂时不要黏合）按照船侧舷板的样子在船头船尾的木块上画出样子。再拿掉舷板，单独对船底切削加工，使船底在粘侧板时已经基本成形，黏合后只要用木砂纸加工一下，就不会损坏船舷木板了。

这时可以黏合船侧舷板与船底了。因为船底有一点弧度，所以在胶合时要先粘船中部一点，再逐点向首尾扩展胶过去，这样容易粘牢，不易弹开脱胶。

(2) 制作好船身，可接着制作船边护木（条）。将1毫米×1毫米的木条，涂上百得胶后，同样从中部向两头胶过去，一面胶，一面注意使木条与舷板边沿一致。

用小刀削出长桨，再用棉花签塑料细棍切一小段做桨柱，将它们一起按图所示位置胶在船尾甲板上。并将船工划桨时的靠背小木板粘上。

用卡纸（黑灰色）剪出乌篷，在钢笔杆上稍卷一下成半圆筒形，装在船舱位置上。

(3) 上漆。用少量清漆给船身涂一遍，将船粘在蓝绿色钙塑板（底板，作装饰用）上即成。

三、中国帆船（二桅风帆船）制作

这里介绍中国式的二桅风帆船船模的制作方法，见图11-3-1。

1. 制作材料

船身：20毫米×82毫米×4毫米松木或桐木1块。

舷板：40毫米×100毫米×1毫米桐木片按图套裁2块。

甲板：20毫米×105毫米×0.5毫米桐木片1片。

帆：80毫米×85毫米稍厚实的零头布，深色较好，按图裁成大小两块，沿虚线用缝纫机平针缝出线条痕。细线若干做帆索。

桅杆：2毫米×2毫米×130毫米竹丝或松木1根，按图裁成两根，加工成桅杆，桅尖稍细。

船艏蒙板：15毫米×20毫米×1毫米木片1块。

船艄蒙板：20毫米×25毫米×1毫米木片1块。

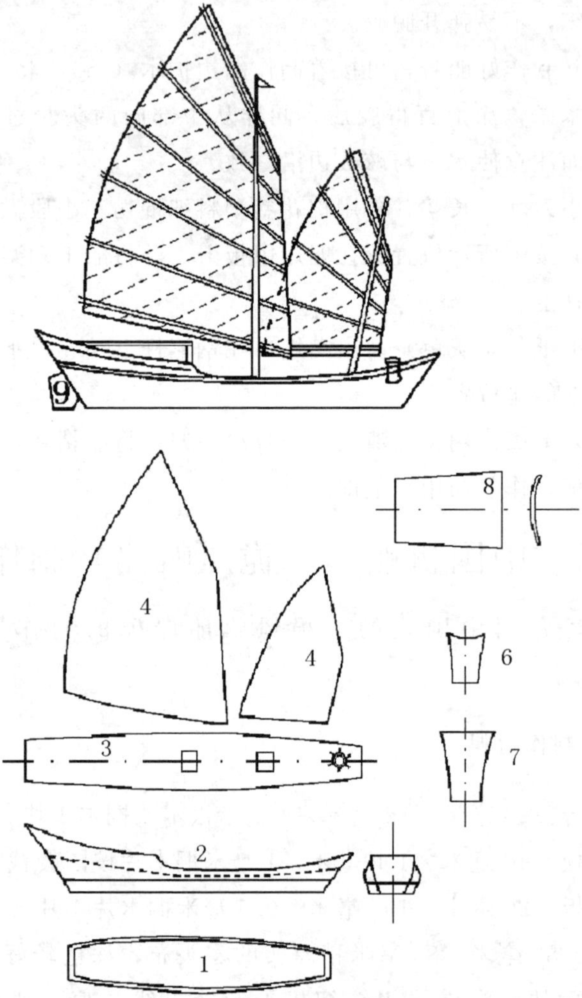

图 11-3-1　中国帆船

舱顶：25 毫米×3 毫米×5 植绒纸贴在卡纸上，或将旧枕席贴在卡纸上。

船舵：用料、做法同前面所述。

帆骨：细竹丝，扎脚手架竹青劈细砂光。

绞车：3 毫米×3 毫米×4 毫米松木 1 块、大头针几枚。

货舱盖：5 毫米×7 毫米×1 毫米松木片或桐木片 2 块。

百得胶、砂纸若干。

2. 制作工具

刀、锥子、缝衣针、尖嘴钳、尺等。

3. 制作方法

整个船身不是一块木头削出来的，这要求同学们掌握用木块、木板拼接的本领。编号 1 是船底，照外圈大小先裁下并削出大致外形，再照内圈修成上大下小的梯形。编号 2 是舷板，它两端翘起处容易断裂，在削制前可以先在背后贴一层薄纸，就不容易断裂了。接下来按图刻出编号 6、7 两块蒙板，把这两块板用百得胶胶在 1 号船底上。船底与舷板、蒙板拼接处要求密合，不够密合处要设法修磨至密合。只有密合程度好才能黏合牢固。也可以在拼缝处滴少量 502 胶加固。编号 3 是厚 0.5 毫米的桐木片，用来做甲板，要使它略弯，带一点弧形，弯得不小心就容易折断。可以在桐木片背面稍涂一点水，使涂水的一面受潮后略伸长和发软，这样就容易弯好。然后将它与船身舷板等四周胶牢，在舷板的余料上裁 3 根 1 毫米×1 毫米细条，贴在舷板边沿作为保护船沿的护木。其中从船头到船尾两侧各一条，还有一条分贴后舱左右上沿。

编号 8 的舱顶，曲成拱形，船篷就制成了。前部两角加两根支柱，用细木条支撑舱顶。舱顶前后水平。

主桅长 75 毫米，桅根部 $\phi 2$ 毫米，桅顶部 $\phi 1$ 毫米，前桅长 45 毫米，桅顶 $\phi 1$ 毫米，桅根部 $\phi 1.5$ 毫米用细砂纸打磨光滑。在甲板相应位置打孔，桅杆插入孔内直达船底木块，用胶固定。

先用缝纫机将淡色细线在深色布上缝出多行平行线条，再按帆的图形剪下来，制成帆。如果是化纤类布料，可用电烙铁或蚊香给布的毛边加热，使之不松毛出来即可。将细竹劈成约 0.5 毫米宽的细丝，沾上百得胶贴在帆上。用细线将帆与桅杆缝在一起，缝好后再加一点胶，使线头不会松散。如果在每根向上翘的帆骨端引一根细线，集束后系于甲板一侧近船舱处的一个带缆桩上（用一小段有帽的大头针，钉在甲板两侧，帆索根据风向，使用某侧一个带缆桩）。再让风帆平面与船身成 $-30^\circ \sim 45^\circ$ 展开，那就更逼真了。

绞车用一段松木削成圆柱体，颈部凹下去可用砂纸卷起来加工。难点在如何穿这 4～6 根绞车推杆，建议用细钻头或 0.5 毫米左右的钢丝一头磨尖做成锥子先钻一孔。注意：ϕ0.5 毫米麻花钻头一不小心就要折断，还是用钢丝做的锥子不会断，钻好后，用 3# 大头针（较粗的一种）穿透后，用钳子剪去多余部分。在钻孔和穿大头针时，水平面上下错开一点，木头就不易开裂。绞车做好后胶在甲板前部。

货舱盖用 1 毫米厚木片裁成 5 毫米×7 毫米的 2 片，贴在甲板上而成。

完整的舵应该是升降舵，舵柄垂直部分穿过船身后部，使舵可以根据吃水深浅调节，舵柄上连一根水平的操纵柄，利用杠杆关系使操舵省力。这根操纵舵杆在船篷舱内，由于船模较小，因此这里略去了。在船后将露出水面的部分舵板（编号 9）用胶粘在船尾蒙板近水面处。注意舵要与船底在同一水平位置上，看上去像有一半浸在水下。

最后做一块托船的装饰性底座。船只安装在这块贴有蓝瓦楞纸（代表大海）的座上，背后是从画报上挑选的大海远处渔场的画面。再给这艘二桅风帆船涂上各种颜色的漆，就显得更加惹人喜爱了。

四、西洋帆船制作

发现美洲大陆以后，西欧国家纷纷建造木质多桅帆船作为主要海上运输工具。短袖衬衣号三桅帆船是当时一种快速型帆船的代表，它有前桅、主桅和后桅。船长 65 米、宽 11 米、深 6.9 米，排水量 963 吨。如图 11-4-1 所示，图中 1 为前桅，2 为主桅，3 为后桅，4 为帆，5 为三角帆，6 为桁条，7 为住舱。

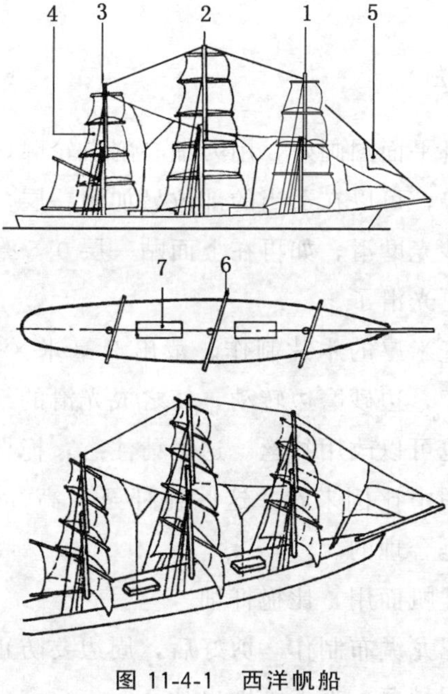

图 11-4-1　西洋帆船

1. 制作材料

船身：100 毫米×18 毫米×4 毫米桐木块，船头部分加贴一块 25 毫米×15 毫米×2 毫米桐木。

桅杆：ϕ2 毫米松木细条，砂磨加工。

住舱：13 毫米×5 毫米×2 毫米桐木片 2 块。

桁条：ϕ1 毫米细竹丝，砂磨加工。

帆：少量薄质尼龙绸或软布，细线。

百得胶或 502 胶水若干。

2. 制作工具

刀、锥子、尺。

3. 制作方法

按图把船身平面图画好，用刀细心削出轮廓，船头部分稍厚并有上翘的趋势，可以在适当的部位另加贴一层，然后削去多余部分，接缝处砂光磨滑，如再在上面贴一层 0.5 毫米厚的桐木片做甲板，则就更光滑了。

桅杆用 2 毫米厚的木片制作。裁出 2 毫米×2 毫米细木条，轻轻用砂纸加工，边砂磨边转动，使之成光滑的细圆条。如果木条容易折断，也可以改用竹丝。这里请注意，桅杆都是上下两段接起来的，从图中比例来看，这些桅杆至少高 30 米，所以用 2 根木杆接起来是合理的。

桁条用来挂帆面用，比桅杆细。

帆用薄质尼龙绸布制作。剪好后，周边要防止毛边，最好用烙铁烫一下。用稍薄一点卡纸做也行。

将 2 毫米厚桐木片，裁成 13 毫米×5 毫米的两块，砂光，贴在甲板上，即成住舱。

制作中注意：整艘船都需要细心和耐心去制作，2 段桅杆接起来时除了要涂胶外，最好用细线扎几圈，拉帆索的时候可以用502胶点滴，会干得快一些。

五、木制南湖船制作

1. 制作材料

南湖船（杭州中天模型有限公司出品）套材、百得胶、502胶、砂纸、清漆等。

2. 制作工具

刀、镊子、烙铁、大头针、铁夹子。

3. 制作方法

这艘船的整体格局是构架式的船体，拼装式的上层建筑，船体的制作稍有难度。

如图11-5-1、11-5-2所示，所有材料是用刀在木板上压出刻痕，只要用小刀在木板上刻痕相连的地方切断，把船体龙骨1，肋骨板2、3、4、5割下来，龙骨和肋骨板上各有啮合的缺口，相互插好，在插口处涂上胶水（套件中配备）。船底6，舷板7、8的拼合应先胶船底中部，逐步向船首和船尾方向胶合。由于船底基本是平底型，只在船头船尾处上翘，因此等到船底大部分粘牢后再胶上翘部分就比较容易。当然也可以采用这些办法：一是在船底内表面用烙铁对准要上弯的船头和船尾烘，使之弯曲，使它与外形吻合；二是在胶船头船尾时，在胶水未干时，用大头针钉在龙骨板上暂时固定；三是在船头或船尾胶结时，除了先涂一层百得胶外，再用502快干胶滴一点，就容易胶牢了。胶之前，要检查一下肋骨各边是否能与舷板7、8容易贴合。

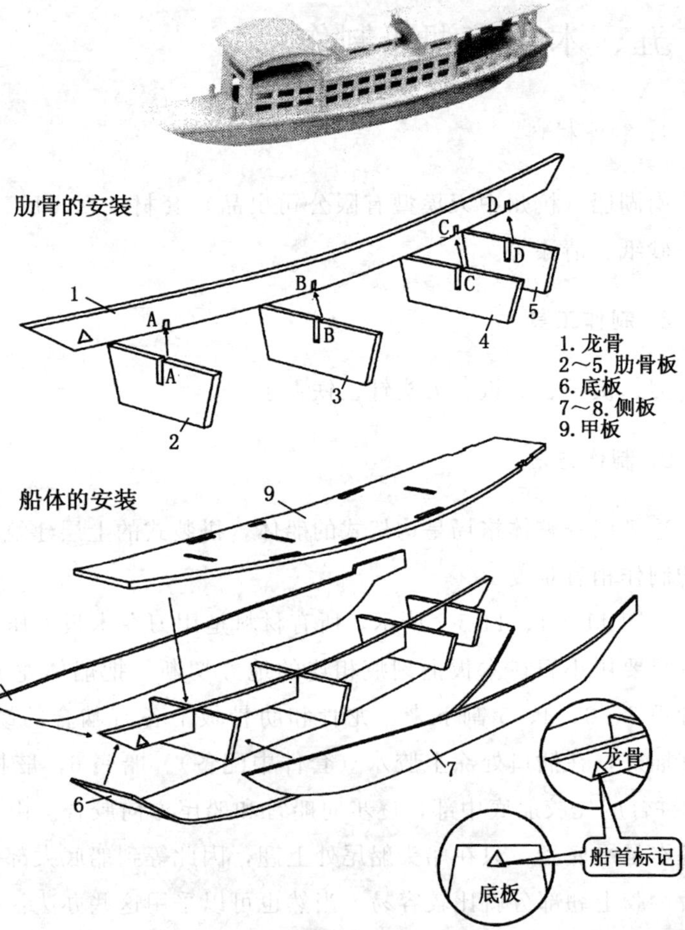

图 11-5-1　木制南湖船（1）

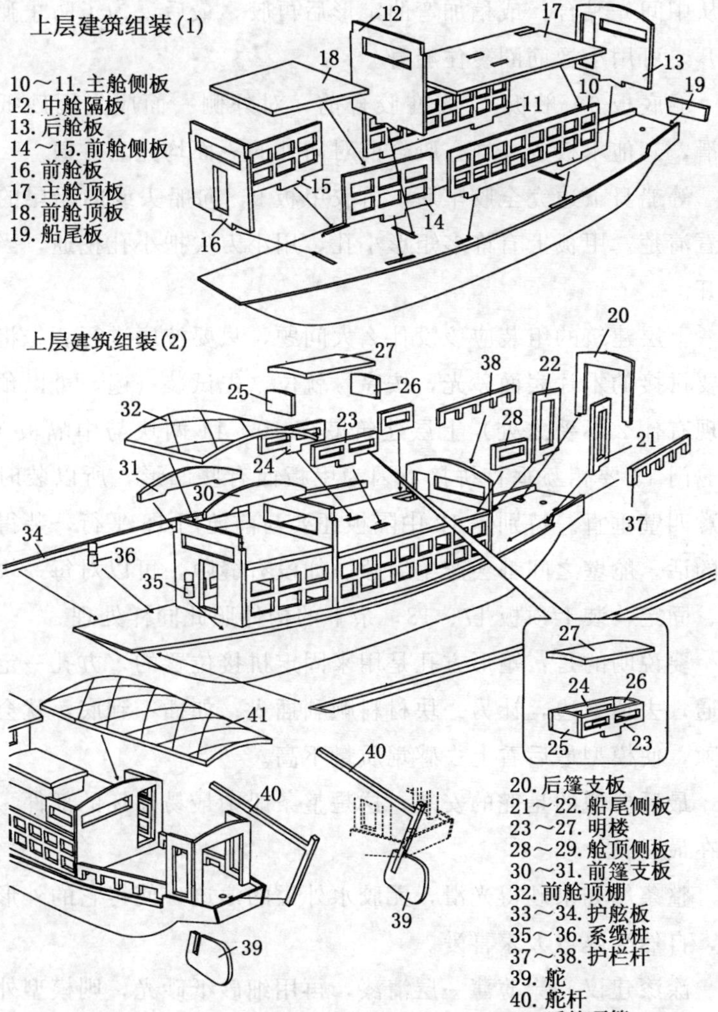

图 11-5-2　木制南湖船（2）

接下来，对肋骨板 2、3、4、5 两侧涂胶，合上舷板 7、8 也是从中间先黏合，或稍加弯曲定形后再胶，最后，为了防止弹性裂开，可用小橡筋圈裹住船身。

船底板 6，舷板 7、8 在胶合前，对外侧一面应先用砂纸磨光滑，其他木板也一样，胶合前对向外的一面均先磨一遍。

等船身下边完全胶牢后，再胶甲板 9，向船头或向船尾的方向看清楚，甲板上有许多矩形小孔，用小刀尖把小孔挖通，当心裂开。

上层建筑的组装应该没什么大问题，只要按序进行。先将每块要拼接的木片表面砂光，按序号就位（先试装一遍，可以预先发现有什么不妥之处）上层建筑舷窗 10、11 两块与中隔板 12、后舱门 13 要相互垂直拼接，因为甲板面有些凹形，所以装时要注意四壁垂直。特别是 12 中隔板还要与前舱门 16 平行，装得不好的话，舱壁之间都会产生缝隙。如没有缝隙，可以对每一块涂胶、固定，装上顶板 17、18，余下的构件照此同样处理。

要说明的是：矩形方孔是用来固定拼接位置的，方孔一定要挖通，去掉毛边，让另一块材料顺利插入；如插不到底，就会有缝隙，使模型最后看上去感觉质量不高。

最后要说的是舵的安装，这是整条船中最易损坏的部件，可放在最后粘。

整条船如果砂得光滑，无胶水外溢的痕迹，使得它的外形逼真，自然会赢得大家喜爱。

涂漆建议：涂薄薄一层清漆，再用细砂纸砂光，则模型外表很光滑，如果看上去是木头本色，没有漆过的反光，则更好。

木制南湖船拼装模型适合青少年学生和模型爱好者自己动手、动脑制作，有利于开发智力、增长见识、提高想象力和创造力。

六、苏南民间游船制作

苏南民间游船船舱设置了座椅，上面有遮阳的雨篷，船首平板供游客上下码头，船尾平板是船娘摇橹的地方。每条船可乘12～14人，船身不大，正好可以从横跨小河的桥洞中穿过。另一种游船的样式稍有不同，它的船舱部位分为2截：一半是供游客喝茶下棋，顶篷稍低，但装饰考究一些；另一半则顶篷稍高两面敞开，供游客站立观赏、进行拍照等活动，船身亦较前者大一些。它们在较宽阔的湖面游荡。这种船也是靠摇橹行进的，但也有装上小型动力的。

1. 制作材料

船身：4毫米×25毫米×120毫米松木板2块。

舷板：1.5毫米×18毫米×140毫米松木片2片。

上层建筑：1毫米×55毫米×150毫米松木片。

医用棉花棒的塑料棒2根。

半透明塑料片30毫米×40毫米2块。

银色即时贴、砂纸、502胶若干。

2. 制作工具

刀、锯、电烙铁。

3. 制作方法

先用样板将船身平面形状画在松木板上，然后用刀加工，要求两边对称。用锯子截取4毫米×25毫米×30毫米4块，分别按图示贴在船头和船尾，做成甲板，按第一块船底的尺寸把多余的毛边削去修齐，见图11-6-1。

图 11-6-1　船底

按图样画在 1.5 毫米的松木片上，小心削下并磨光平面，两块舷板合在一起，检查其大小要一致。分成左右两边舷板，用手稍加力弯一下，让两块舷板带点圆弧，以使合拢时容易粘牢。

图 11-6-2　舷板

船身合拢胶合操作：涂胶前，先用舷板贴近船身检查一下，看是否弧度配合正常。方法是拿起来向亮光处照一下，看船身与舷板应该胶合的地方，漏过来的光亮是否粗细一样。若有粗有细，说明密缝情况不好，要进行砂磨修正，直到各处亮光都很细为止。然后进行胶合。把舷板与船身对齐，用手揿牢，另一手将 502 胶水沿板缝滴一滴，让它渗入板缝。在相隔 10 毫米处再滴一滴，先从船身中间胶起，一小段一小段向船头移动，再从中间开始，一小段一小段向船尾移动。这样胶的次序能够将有弧形的船舷毫不费力地粘牢。

客舱的舱壁用 1 毫米厚的薄木片围成。先按图纸尺寸裁好，接下来做窗户。一种方法是仔细用刀尖刻出空框，不过这道工序很难，窗挡太细了容易断，太粗了显得不精致。另一种方法是用即时贴代替窗玻璃，在玻璃的位置上贴银色即时贴，贴得整齐一点，非常逼真。客舱的舱顶用 1 毫米薄木片裁好粘上，如果加贴一层彩色即时贴，可以免去油漆而同样非常漂亮。因为客舱在船的前半部，所以门应向船首，见图 11-6-3。

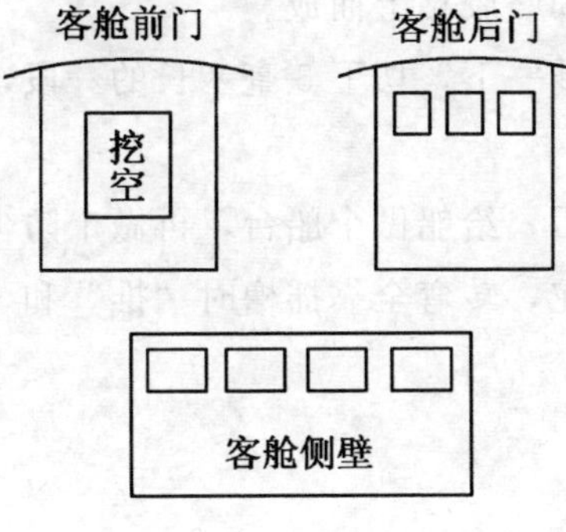

图 11-6-3　客舱

凉篷在船的前半部紧挨客舱。用 4 根棉签棒的塑料棒截成一般长短作为 4 根柱子，一端胶在船底，一端与半透明塑料片（凉篷）相粘。将塑料片与 4 根柱子的位置放正，用少许 502 胶滴在柱子顶端，几秒钟就粘牢了，见图 11-6-4。

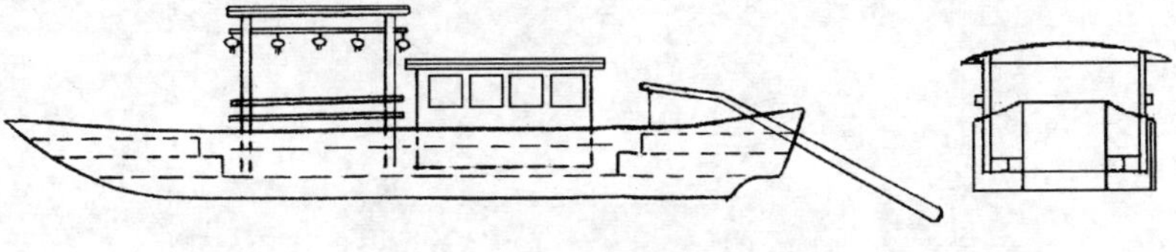

图 11-6-4　苏南民间游船

用 1 毫米×1 毫米的细木丝（用刀在 1 毫米厚的木片上裁取），在船侧两边的柱子上接近甲板处并行粘 2 条，代替栏杆，靠顶篷处粘 1 根（加强柱子结构），上面粘几对红色小灯笼（用红色小珠子代替）。

橹用 1 毫米木板划一小条削成外形，然后用电烙铁将其烘弯一点而成。

船边护木条，从1毫米木片上裁2根1毫米×1毫米的细木条，沿舷板边用502胶粘上而成。

用细木丝稍砂一下，切下5毫米长的一段，胶在船头两边甲板，作为带缆桩。

整个船做好后，给船做个船台，再做个防尘罩即可。

这种船不用舵，转弯全靠摇橹时“推”和“扳”的动作用力多少来决定的。

第十二章 创作型船模制作

我们已经学过不少船模的制作方法，学到了许多基本原理和技能，试试看，能不能把这些学到的知识和技能，通过我们的双手和脑袋，来创作一些新型的船模。哪怕它现在看来是幼稚可笑的，甚至遭到了失败，但我们坚信：通过不断的学习、实践，失败总有一天会转化为成功。如果我们能带动周围的小伙伴一起来创作试验，那么也许未来的科学家、工程师就在你们中间！下面举两个例子。

一、碰碰船制作

我们想一想，只要所受的浮力大于重力，船总会浮在水面不怕沉下去。有螺旋桨转动，船就会向一定的方向前进，电动机的正转、反转，舵的向左、向右，也可以控制船的前进、倒退、左转弯和右转弯。

下面介绍一种用机械臂控制螺旋桨转向的“碰碰船”供大家参考和启发吧！

1. 制作材料

船身：由 2 层三夹板组成。下层是直径 170 毫米的圆板，上层是直径为 80 毫米的三夹板圆板。

电动机：131 型电动机。

螺旋桨：直径为 28 毫米的塑料船用螺旋桨（市上有售）。

桨轴：$\phi 2$ 毫米自行车钢丝一段。

轴套：空圆珠笔心管子 1 根。

螺钉：φ3 毫米×15 毫米螺丝连螺母，连接上下层船身用。另加φ2 毫米×10 毫米 2 只连垫圈及螺母，做摇臂转动轴。

摇臂：用 20# 铅丝弯成，共 2 只。

销钉：φ2 毫米元钉 3 只。

橡筋：1 毫米×1 毫米橡筋若干，或普通橡皮筋圈剪断后待用。

护圈：30 毫米厚的泡沫塑料若干。

电动机座木块 1 块。桨轴与电动机轴间连接用的小橡皮管 1 段。

5 号电池 2 节，电池夹 1 个，开关 1 个；百得胶若干。

2. 制作工具

锉子、钻、尖嘴钳、烙铁、锤子、锯子、小刀等。

3. 制作方法

这艘碰碰船设计的船身是由上下两层可以相对转动的三夹板组成。电动机、桨等安装在上层船身。而下层则由不怕碰撞的厚厚一圈泡沫塑料围成，下层浸入水中后产生足够的浮力使电动机及电动机完全浸不到水，船身三夹板都涂过清漆，所以即使浸到水（调整浮力大小，到接近水面但又不浸到水），也不怕变形。两层船身在圆心处打一个φ3.5 毫米的孔，用φ3 毫米螺钉连接，要求稍松动。这样上下两层能自由转动，也可以在上下两层中间衬垫一个垫圈，使它们更灵活一些。

上层船身在板上打一个 30°向下的斜孔，用来穿过轴套，用百得胶固定。在另一边，用木块做成电动机座，使电动机轴正好与桨轴在同一直线上。131 型电动机选用扁平形的，粘胶时方便些。如果是圆形的，则机座改用厚橡胶海绵拖鞋底锉一凹圆，同样用百得胶胶好。在电动机对面的上层船身，将电池盒胶牢，以不碰轴套为原则。由于一边是电动机，另一边是电池盒，可使上层船身重心不致偏得太厉害，上层船身平衡，也保证了转动时轻巧灵活。

下层船身在上层覆盖的范围内，用钢丝锯锯开一个 180°扇形孔。也可以用钻头打孔一周的办法“钻割”下来。用刀削光锯口毛边，两层叠起来，检查一下轴套是否会碰，桨叶是否碰下层船身。泡沫塑料护圈的做法是先用木片或卡纸按图做块样板，然后放到泡沫塑料上用电热丝割下来。如果没有这么大的泡沫塑料块，可以把护圈分成几块拼起来。然后将圆形的泡沫塑料块胶在下层船身下的一面（浸在水中的一面）。注意，不能用白胶，要用百得胶，涂在木板上，待百得胶稍干而未干透时，将泡沫塑料圆环压胶上去。

摇臂可以用 20# 铅丝按图弯成，中间转轴处焊一块铁皮或铜皮，铁皮中央打个 $\phi 2.5$ 毫米小孔，用 $\phi 2$ 毫米螺丝及螺母固定在下层船身上，松紧适中，以可使摇臂灵活转动为准。

两枚销钉通过摇臂中间空隙钉在上层船身上，另一枚则钉在下层船身的正前方。在 3 个销钉间（如图 12-1-1 所示）拉 2 根 1 毫米×1 毫米的橡筋，橡筋的弹力使上层船身还原返正。平时碰碰船的航向向前，当船的一侧碰上障碍后，摇臂的一端被带动向后，摇臂的另一边就会向前，带动销钉，从而使上层与下层船身间产生了转动，带动螺旋桨轴改变方向，船就驶离障碍物，离开后，橡筋会使船的上层回正。

注意：如果泡沫塑料护圈过厚，浮力过大，螺旋桨会离开水面或露出一部分，使前进动力失去或减小；如果护圈太靠近螺旋桨，前进阻力会增大。比较理想的是把护圈改薄一点、宽一点，或把螺旋桨浸入水中深一些。这样，总的浮力不减小，而减小了

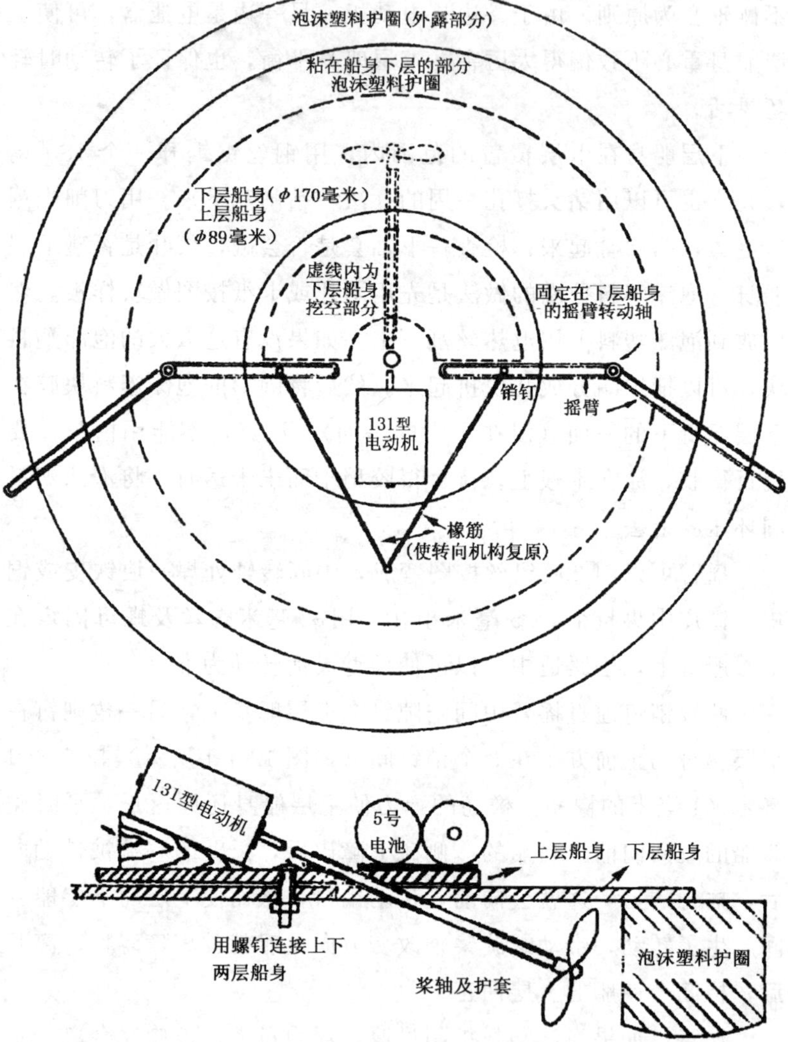
泡沫塑料护圈(外露部分)
粘在船身下层的部分
泡沫塑料护圈
下层船身(φ170毫米)
上层船身
(φ89毫米)
虚线内为
下层船身
挖空部分
固定在下层船身
的摇臂转动轴
销钉
摇臂
131型
电动机
橡筋
(使转向机构复原)
131型电动机
5号
电池
上层船身
下层船身
用螺钉连接上下
两层船身
桨轴及护套
泡沫塑料护圈

图 12-1-1　碰碰船

阻力，船就航行得快一些。或者把护圈改成斜坡形、栅栏形，使螺旋桨排出的水流顺利地通过护圈，形成更大的动力。

这艘碰碰船模是一种创新的尝试，同学们可以利用已学到的知识和技能，针对试航中发现的问题，进行修改和再创作。例如，把空气桨搬到甲板上来代替水中桨，那么护圈的问题就容易解决了。又如，改变一下上下层连接方法，使它能360°无限制地团团转，是不是更逼真？还有用可乐瓶盖给它做个密闭罩，不更美观些吗？这些就留给同学们去思考和创作吧！

碰碰船直行前进时，如左侧碰上障碍，使左侧摇臂端点绕轴向后。摇臂转动时，使上层船身和螺旋桨一起转动，船只向右行驶，此时橡筋（右）被拉长。脱离障碍后，橡筋弹力使船只复原直行。

二、三体船制作

船舶要具有足够的稳定性，必须增加船的宽度，而船的宽度增加，势必增加船的下水航行阻力。能不能建造一艘在平常航行时阻力较小，船速较快，而遇到需要重载或遇到特大风浪时，仍能保持良好稳定性的船呢？这是大家都在探索的问题。

这里将向大家介绍一种能抗风浪、防颠簸的新型客货轮模型。它是笔者学校船模组师生的一个创作设计，见图12-2-1、12-2-2。其构思是：能根据需要随时改变船体宽度，船的适当部位装有2个浮体，这浮体可以伸展或收拢，可以放下或收起。

1. 制作材料

船身：6毫米×55毫米×320毫米木板，20毫米厚同样大小的泡沫塑料1块。

浮体：20毫米×55毫米×240毫米泡沫塑料2块，同样大

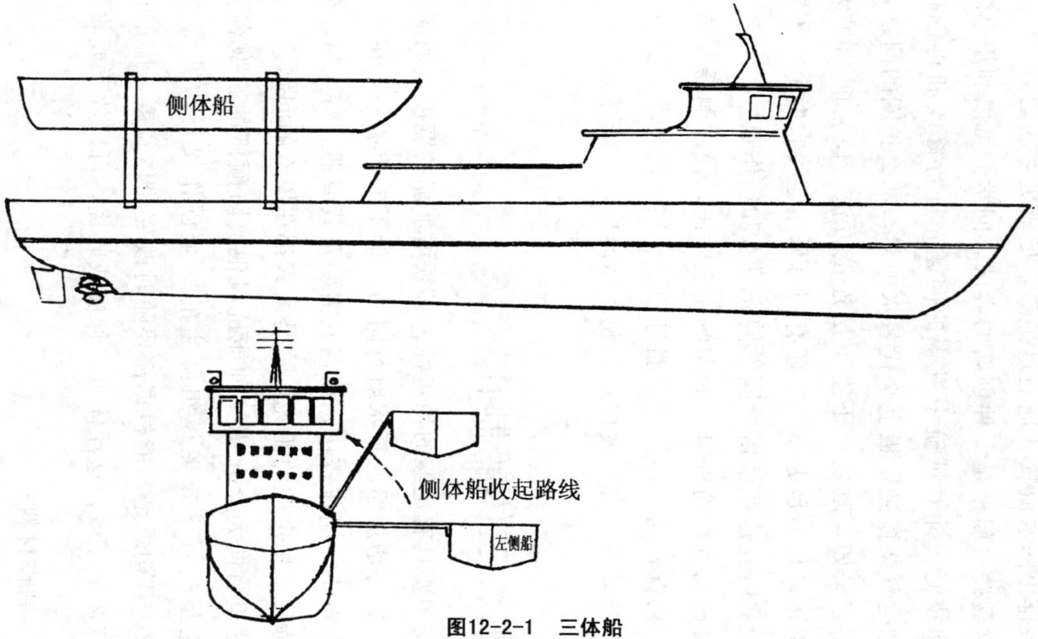

图12-2-1　三体船

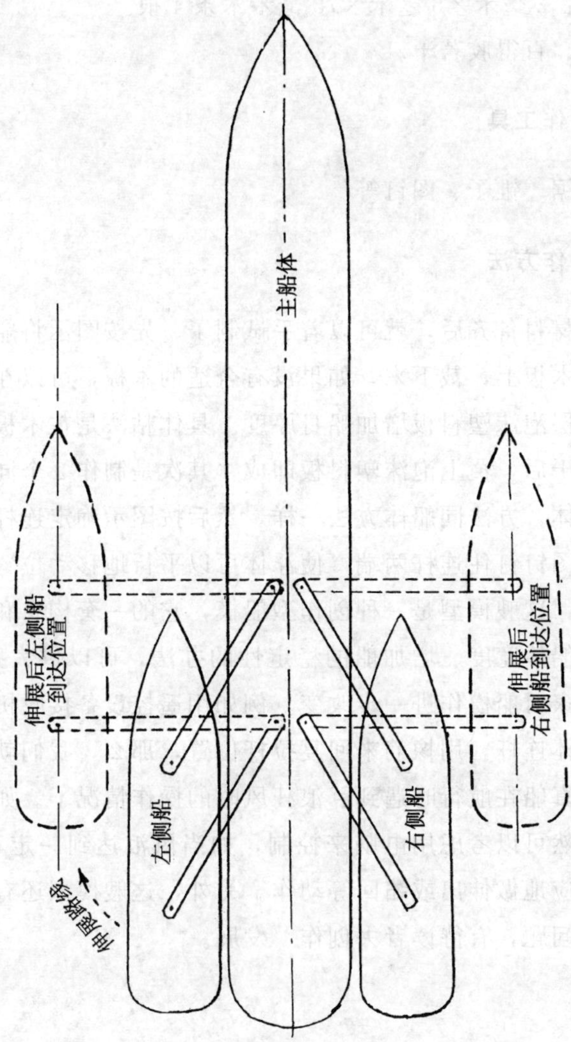

图12-2-2 俯视图

图 12-2-2 俯视图

小的三夹板贴在泡沫塑料上。

连杆：2毫米×5毫米×75毫米木条4根。

砂纸、百得胶若干。

2. 制作工具

刀、锯、锥子、图钉等。

3. 制作方法

主要材料备齐后，就可以着手试制了。先按图示将船身平面画在船身木板上，裁下来，如果没有合适的木板，可以在船身木板下粘一层泡沫塑料板增加船身厚度。具体粘法是在木板上涂百得胶，稍干后，覆上泡沫塑料板即成。其次是制作2个同样大小对称的浮体，方法同船体方法一样。然后按图示确定连杆长度和位置，用图钉钉住连杆两端，使浮体可以平行地移动位置。

说明：这艘模型是一种创作型船模，它的一套构思和简单实用的改变船体宽度、增加船的稳定性的办法，可以供大家运用，并启发大家对船模作进一步改变。例如用遥控设备接收机的杠杆来带动浮体连杆，用橡筋来回复拉杆位置，那么，我们就可以使船模模仿真船在航行时遇到巨浪狂风时的操作情况了。如果在真船上，当然可以考虑用电脑来控制，如当风浪达到一定程度时，浮体会相应地做伸出或缩回等动作。另外，这艘模型还有许多值得改进的问题，有待读者去创作、发展。

第十三章　竞速类船模制作

一、圆周船制作

在船模分类中，有一类是比赛船的航速的。它的航道是一个闭合的圆周，在圆周的中心点立一个圆心柱，套上一根细钢丝连到被测船模上。比赛时，船模以钢丝长的半径飞快地绕圆心柱做圆周运动，以完成一定圈数耗时少的为胜。在正式比赛时，船多用内燃机作动力，钢丝长度约 5 米，在水池中是不能进行的，常选在江河湖边进行。在学校的 3 米×10 米水池中，我们用电动自航船来比赛，同样可以领略竞速艇的特殊趣味和掌握不同的技术要求。下面着重谈谈适合校园内开展的竞速圆周艇的要求。

水池的布置：

如图 13-1-1 所示，在水池中心设置一个中心柱，中心柱顶端设置一个可以灵活转动的轴套和钢丝扣，钢丝长度为 1.10～1.20 米，要求以扣上船模作圆周运动时，船模不会碰上池壁为度。轴套和钢丝扣要高出水面 10 厘米左右，防止浸在水内。

运动员将调整好的船模扣上钢丝，在记分标志杆前面 1/4 圈处起动。当船模飞速通过记时裁判前的标杆时，开始记时记圈，达到规定圈数时（例如三圈）停表，记下该船成绩。运动员在放航处接船，解下钢丝扣。

在航行过程中，拉船的细钢丝 0.2 毫米一定要绷紧，否则船模航行中会圈子越转越小，没有达到航行规定的距离。每圈实际航行为 3.14×（1.1～1.2）×2＝6.9～7.5（米），3 圈为20.7～22 米。钢丝如果没有绷紧而缩起来，还容易缠住船模，不能完

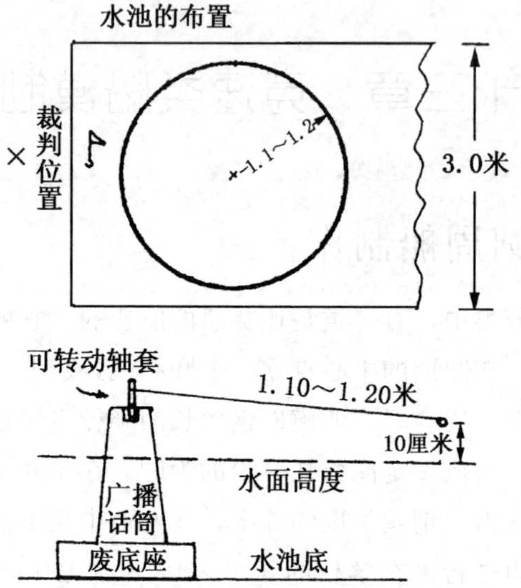

图 13-1-1　竞赛水池

成圆周航行。碰到这种情况，裁判应该让运动员重新调整一次（把舵角改变一下，使船向外驶一点）。如果第二次仍是向内转小圈，就判犯规一轮。

船与钢丝扣的连接绳子呈△形。要使绳子系在船的转动中心处，使船的纵轴线与钢丝成直角，同时船的航向要与圆周成切线方向而略偏向外。由此产生了很小的离心力，以保证绷紧钢丝，而太多了又会造成阻力。这要在赛前调整好。连接绳子的长短会牵涉到圆周的大小，所以要按规则来系好，一般为 10 厘米左右。

圆周竞速船是以速度取胜的，这就要求在规则允许的范围内改进电动机。目前一般是以 131 型电动机为标准，3V 电源，我们不妨将 131 型电动机换成高速型的品牌或自己动手将电动机绕组拆开重绕稍粗一点的。如用 4 毫米漆包线绕 30 匝，再将磁钢换成强磁钢，它的转速和输出力矩将大大增加，船的速度就可以

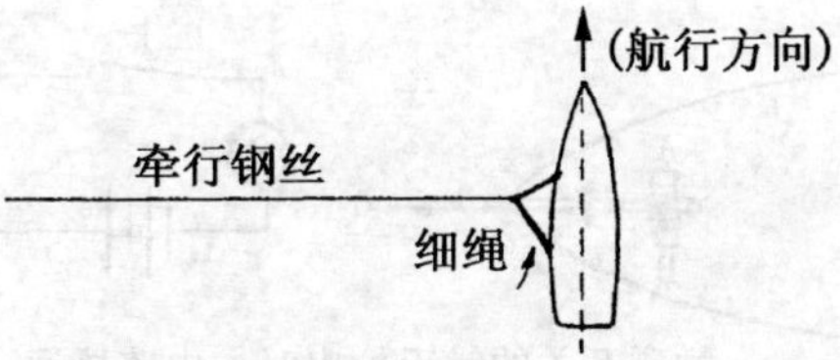

图 13-1-2　钢丝与船模的连接

明显加快。另外，由于电动机的线圈用较粗的铜丝重绕以后，用电量增大，因此，电池也应改用镍镉电池一类电容量较大、瞬时放电量较大的。普通电池的电能使用一会儿就会耗尽。螺旋桨的形状、螺矩大小等要相应匹配，才能发挥最大的效果。

二、直线自航竞速艇和触碰开关制作

有一种自航竞速艇的赛程为 50 米以上，它在长度 60～70 米的水面进行比赛，不用遥控设备，以航向正直和速度快的为胜。在水池中用浮标标出 50 米长度的起点、终点，在终点线圈用浮标标定满分及 90、80……分门标，不到端线的不计时。这种船长度为 1 米，电动机用 540 型，7.2V 电池，速度很快，一出手后船就靠事前调好的舵向驶向对岸，它不会自动转向也不会自动关车，船要一直开到对岸或边岸时，选手或助手才能捡起船只并关闭电池。但有时船的航向稍偏，船不能从门标穿过，以致船在到岸时，运动员无法顺利打捞船只。如果船不能及时捞起，就会不停地继续开动，时间稍长，还会因碰撞、风吹、水波影响等使船在水中改变方向，反而驶离岸边，更难及时收回，影响下一轮继续比赛。大家希望船模能够一到达岸边就自行及时停车，这样既节约电源，又便于收回，所以想到了要给自航船模装一种自动停车装置，见图 13-2-1。

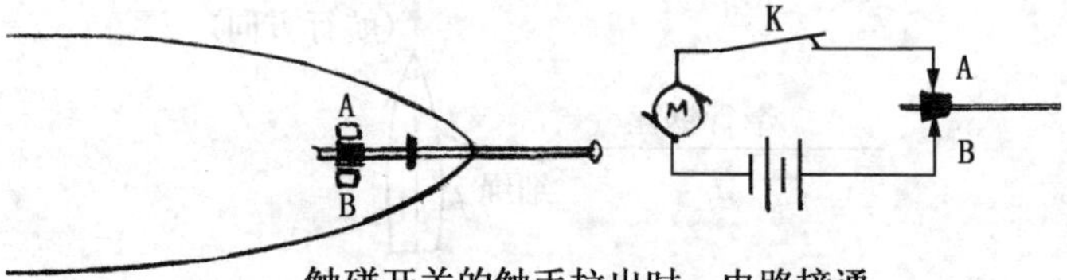

触碰开关的触手拉出时：电路接通

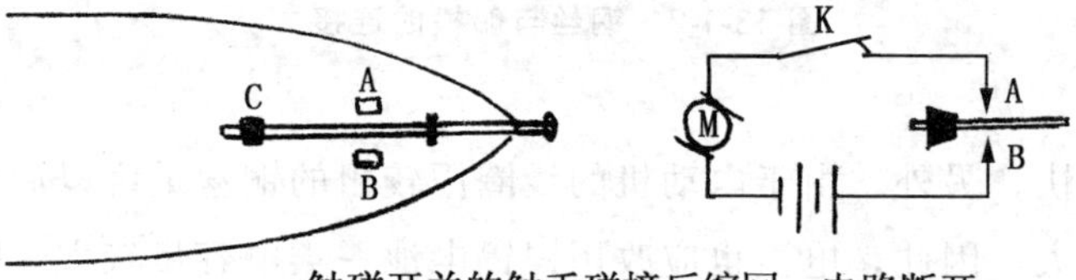

触碰开关的触手碰撞后缩回：电路断开

A. B是船头固定接触点，C是触手上活动接触点

图 13-2-1　自动停车装置

常用的自动停车装置是在船头装一触碰开关。当船首到达终点岸时，伸出在船头前边的触碰开关的触手，会因碰撞缩回，不仅切断电池，还起到了缓冲碰撞作用。

第十四章 无线电遥控模型制作

一、概述

无线电遥控模型，是在制作的舰船模型上加装无线电遥控设备。运动员用无线电遥控设备来操纵模型，按竞赛规则的要求在尽可能短的时间内完成规定路线的航行。这不仅可提高制作者的制作水平，同时又锻炼参赛者的观察、判断和控制能力。

无线电遥控设备一般由发射机、接收机、接收机电源和伺服机组成。

发射机就像一个小型的广播电台，一般由运动员执在手中，通过 2 根操纵杆控制模型的前进、倒退、左右转，另有小开关用于模型上各种动作的控制。

接收机就像一台收音机，负责接收发射机发出的信号并转变成能控制伺服机的电信号。

伺服机将接收机送来的电信号转变成机械动作，用来控制舵的偏转和动力机械的运转。

无线电遥控设备目前国内也有厂家生产。

另外还有一些玩具厂也生产一些遥控玩具，在市场上可以见到。

专用遥控设备和玩具遥控设备的差别主要在于无线电线路的简单和复杂程度和可靠性。专业生产的遥控设备主要是为满足遥控需要，控制距离在 300～1000 米之间。而玩具厂商生产的设备，由于受价格的制约，不可能用很高级的电子元件，因此控制距离在 10～50 米。

二、遥控模型比赛的分类

（1）由比赛组织单位指定生产厂家的产品，学生购买后进行操纵训练并参赛。如“我爱祖国海疆”全国青少年航海模型竞赛。

（2）自行选择厂制模型，经拼装后加装无线电遥控设备，训练后报名参赛。如全国青少年航海模型竞赛，比赛代号为F4-A、F4-B。

（3）全国航海模型竞赛：选择各类实船图纸，按比例制作模型，并装上无线电设备，按比赛规则参加比赛。比赛代号为F2-A、F2-B、F2-C。

三、遥控设备的选购

当确定要购买无线电遥控设备时，先要听一听懂行的人的意见，最好能请他作购买时的参谋，以便能购到一套称心的设备。购买时：

（1）备好电池当场试机，看是否能达到说明书上的控制距离。

（2）在控制距离内，各种动作是否干净利落，在执行指令的过程中，伺服机有无抖动现象。

（3）在控制距离半径内，是否有时好时坏的现象。

四、遥控设备的使用和保养

（1）发射机开机使用前要将天线拉出。如天线没拉出就开机，很容易使发射机高频电路中的晶体管发热烧毁。

（2）检查同一场地上有无同自己设备相同的频率机器在工作，以防互相干扰。

（3）在拉出天线后要先打开发射机开关，后开接收机电源开关，避免相同或相近频率的机器干扰。

（4）在使用过程中要注意防止设备剧烈震动和受潮，也要防止设备在阳光下长时间照射和防止灰尘侵入。

（5）每次使用结束后要将设备中的电池取出，防止电池漏液，损坏电子设备。要擦干模型内部的水滴和油污。并设法驱除船体内部的潮气，防止潮气凝聚成水滴损坏接收机和伺服机中的电路板。

（6）长时间不用时，要将电子设备从模型中移出，存放在专用的包装盒中。

（7）无线电遥控设备在模型上的安装位置要尽可能进行固定，以确保模型重心位置不产生变化。

（8）伺服机的安装要牢固。为防止伺服机内的变速齿轮损坏，舵摇臂上要用 2 根钢丝进行牵挂，使两端受力平衡。

（9）必须按照说明书的提示选用电池。

五、电池的选择使用与保养

凡电动模型均离不开电池。电池有三种类型：锌锰电池、碱性电池、充电电池。

锌锰电池容量较小，内阻较大，使用时电压下降较快，虽然装在模型内也能航行，但速度慢，且在很短时间内电能耗尽，因此，如参赛应不考虑使用此类电池。

碱性电池的放电电压随时间的变化而慢慢降低，由于碱性电池的容量较大，储存的电能较多，因此在使用时电压随时间的变化下降的速度较慢，而且电池的内阻也比锌锰电池低，这可为模型提供一定的能源。唯一的缺憾是一次性使用，用完后不能再充电使用，日积月累导致成本较高。

充电电池有两种，即镍镉电池和镍氢电池。电池的容量有500mA/h、600mA/h、700mA/h、1000mA/h、1200mA/h等多种。一般来说正规电池厂生产的电池容量越大，所储电能越多。在一定时间内电池保持充足的能量，能使模型中的电动机高速运转一段时间，适合用于竞赛。虽然充电电池每节的价格贵，但由于可以反复充电使用，因此核算下来实际使用成本相对较低。

最近由于环保知识的普及，镍氢电池有取代镍镉电池的趋势。但从模型使用的要求来看，由于镍镉电池的最大放电电流能达到标称值的30倍，即标称为1000mA/h的镍镉电池能在瞬间放出30A的电流。而镍氢电池只能达到标称值5倍左右。由此可以看出在短时间内，大电流放电镍镉电池优于镍氢电池，而在长时间，小电流放电镍氢电池优于镍镉电池。因此镍氢电池适用于遥控设备。镍镉电池适用于动力装置。

新买的充电电池不能像锌锰电池和碱性电池一样马上就用。要用电压表测一下电压，如电压低于1伏就要进行充电。充电要按电池外壳上标明的电流和时间进行。一般选50～100毫安充电14～16小时。由于新电池性能不够稳定，因此可先用来进行训练，当用了5～6次以后，电池的性能基本稳定，这时才可以作为参赛模型的电源使用。

在没有完全掌握电池性能的情况下，充电电池使用一段时间后，放电时间会变短、电池容量会变小。这是因为每次使用后都会在电池内剩余一些电能，残余电能被充电电池“记忆”住了，因此每次训练或比赛后要将用过的电池放入专用的放电器内放尽电能后再充电，这样才能使电池的放电特性一致。

一般充电电池的标称电压为1.2伏，充好电的电池电压空载时为1.4伏左右。当电池在使用状态下测得电压为每节1.1伏以下时应立即停用，防止电池过度放电损坏电池。

由于电池都是将化学能转变为电能，每使用一次其内部均会发生一定的变化，每使用一段时间后电池的放电特性会发生变化，因此每隔一段时间最好作一次测量，并绘制出电池的放电特性图，以利于电池的配对使用。

电池的放电和充电过程中均会产生热量，要注意不要让电池的热量超过40℃，否则会损坏电池，甚至会使电池发生爆炸。

特别要注意：任何一种电池，当电用完或报废后都是危险物品，不能随便抛弃，否则将会污染环境，应收集后交有关部门进行处理。

六、遥控模型常见故障及排除方法

1. 打开发射机，电源指示灯不亮或电表指针不动

（1）产生原因：

①发射机电池没有装好；

②电池失效。

（2）排除方法：

①检查电池极性，并重新安装；

②更换电池。

2. 拨动操纵杆或按动按钮后，模型无动作

（1）产生原因：

①船内接收机电池没装好；

②电池失效；

③接收机电源开关损坏或电路有故障。

（2）排除方法：

①检查电池极性，并重新安装；

②更换电池；

③检查电源开关及连接电线有无脱焊或内部断线。

3. 打开接收机电源开关后，发射机不打信号就出现各种误动作

（1）产生原因：在场地上有同样频率的设备工作产生干扰。

（2）排除方法：

①关闭电源开关，查找干扰源；

②更换接收机发射机的频率。

4. 航行速度变慢，转弯半径变大

（1）产生原因：模型内动力电源将要耗尽。

（2）排除方法：模型尽快返回，更换电池。

5. 控制距离变短

（1）产生原因：发射机内电池电源将要耗尽。

（2）排除方法：模型尽快返回，更换发射机电池。

6. 正常航行中，模型突然停止航行

（1）产生原因：

①螺旋桨被障碍物缠绕；

②动力电源没安装好，或遇到震动电池跳出电池盒没能接触到极板。

（2）排除方法：

①设法取回模型，解除缠绕在螺旋桨上的障碍物；

②检查电源有无电池跳出，将其重新安装好后加以固定。

第十五章　学校开展船模教学的建议

大多数的青少年和儿童，对船模都有浓厚的兴趣，其中一部分青少年在今后的生活和成长道路上，还孜孜以求，有的成为航海或造船等有关事业的专业人才，为我们祖国的社会主义建设作出巨大的贡献。而他们最初的起点，往往是各级学校蓬勃开展的船模兴趣活动。

学校建立船模兴趣活动小组，它的意义绝不是单纯的让孩子们“玩玩”。而是通过丰富多彩的船模活动，边学边实践，青少年从制作、操纵、参加比赛、改进设计、创新倡议等具体活动中，开阔了眼界、学到许多学校课本上没有的知识技能，从而激发了勇于改革创新的思路，并且在活动中培育了良好的团队精神，学会了人与人之间相处的社会意识和本领，以便尽早成为能为社会作出贡献的人才。

孩子们在学龄阶段，正是长身体长知识的阶段，在不同的年龄段，他们的兴趣爱好也会有所变更。要使我们开展的船模活动，从内容到组织形式都能适应他们的变化，时刻吸引他们，让他们愿意把一部分业余的精力花到船模活动上来，并且结出越来越丰硕的成果。本书作者们大多是长期从事这方面工作的教师和优秀辅导员，愿意根据多年的工作经验，给读者以下几点参考建议：

一、培养兴趣

船模活动对青少年有着极大的诱惑力，这是事实，但是内容安排长期单调、少变化，也会逐渐丧失吸引力。如果要在相当长的一段时间内对青少年系统的训练，就要认真地思考内容的安排。一般来说，内容安排上要求时刻有新鲜感，有兴趣感，有一定的难度，但是经过学习又是能够克服的。这样，学生则会因克服困难后获得新成就而更感兴趣。

二、活动难度要由浅入深

船模的制作活动，不仅需要丰富的基础知识，而且需要老师的循循诱导。只有这样学生们才能逐步加深理解，直到彻底弄懂。在动手技巧上也有一个日渐加深、不断熟悉和掌握新的工具使用方法和新的加工技能的过程。有些还与学生的年龄和基础知识有关。例如同样加工一条模型船，低年级同学显然要比高年级同学困难得多，加工出来的精度也会有差别；如果使用电动工具，如钻床、磨车、锯板机，则更有区别。

我们要根据学生的具体情况，对船模的制作难度、牵涉到工具的安全使用等都要细致安排，在难度上予以适当安排。例如小学生初学者不宜用太锋利的刀切削，可以用砂纸来砂磨；有些模型的轮廓过于复杂，可选用一些线条简单的入门训练，到有一定基础时再提升难度。

三、加强“质量第一”意识

船模制作出来后，不符合图纸的要求，或者模型的外观精度差，这种毛病在初学者身上是随时可见的。为了培养学生有一种自觉的高质量要求，需要从初学时就开始培养。宁可教学要求提得低一点，但不符合要求的作品、手法、操作方法，一定要指出，最好返工重做。几次下来，学生会一次次进步、一次次自觉提高标准。当然也可以对每堂课的成果，进行讲评，表扬那些重视质量的同学，营造一种学习风气，以后加工高难度的模型时，就会顺利多了。

四、注意安全意识

船模活动是一项集体活动。许多同学集中在工作台边加工，旁边又有不少工具，如刀、锉、烙铁、尖锐的锥子等，一不小心就会碰伤同学甚至自己割伤自己的手等。所以每次课前、课中都要及时提醒注意安全，在一些常用工具使用前要宣布安全注意事项或规定。例如安全用刀规定：

（1）持刀的手在另一手前，向前运刀就不会割伤自己的手。

（2）起立、离座时，一定要把刀放在桌上，不随身带刀走动。

（3）不要做用尖刀戳台子或投掷动作。

五、组织教学比赛

搞作品评比，表扬先进，能提高同学的积极性。如果隔一段时间，组织一次教学比赛，在规定的时间里，做一个小作品，相互评比优劣，请优胜的同学讲体会，讲怎么克服曾经遇到过的困难，也请明显有进步的同学讲自己的努力情况，这样的教学比赛，同学没有压力，就会积极向上。

六、提倡创新意识

强调按图纸要求加工，不等于永远墨守成规，允许学生在讲清原理的基础上，进行创新改进。例如把上层建筑位置适当改动，根据日常观察的结果，创作民用船模型。创新制作能激发同学学习原理，掌握制图方法、加工技巧、新工具使用等积极性，通过创新活动，更自觉地学习各方面知识，进步将会更快更全面。

七、要有一个简易水池

船模组最吸引同学的还是在水池中放船航行。不论是大同学或小同学，当他们把亲手做好的船模，放到水池中让它平稳地浮在水面，看着小船尾部卷起一阵阵水花，推动小船飞速地直线前进，或者按照自己的操纵要求，绕过障碍，驶抵目的港口，都会发出欢快的笑声。通过航行，还可发现许多制作中存在的问题，加以研究和改进，进一步提高自己的制作经验和水平，更加巩固自己的积极性。

学校有条件的话，可以在场地一角修建一个 3 米×10 米的固定水池。如果没有 3 米宽，那么 1～1.5 米宽的也行，水池深度在 10～20 厘米即可。条件实在差的学校，可以用塑料布铺在地上，周围用砖块或铝合金材料围一个框架，放上水，就成了一个临时的简易水池，见图 15-7-1。用这个水池来开船，一样能博得同学们的喜欢。

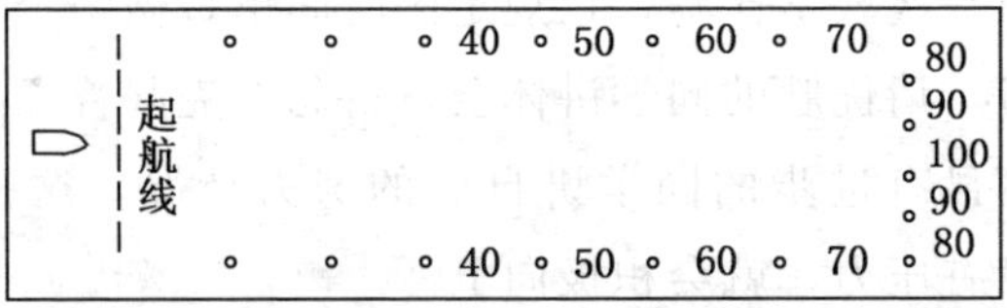

图 15-7-1　临时简易水池

八、直线航行比赛规则

学生将船模调整好后，从水池一端起航线外起航，经过起航线驶向另一端线，从船头接触起航标志连线的一刹那计时，到触及终点标志连线时终止计时。航行方向计分按赛场标志给分，船碰到浮标时按低标准给分（或赛前自行规定），当几条船的航向得分相同时，按它们的速度快慢评出优胜。

一般情况下，每人进行 2 轮计分航行，赛前决定好是按 2 轮得分总和，还是其中较好一轮成绩，来评定该船名次。